インド占星術の
基本体系 I巻

K.S.チャラク 著　　本多 信明 訳

भारतीय वैदिक ज्योतिष

太玄社

ELEMENTS OF VEDIC ASTROLOGY
Volume 1
by K.S.Charak

Japanese translation published by arrangement with K.S.Charak
through The English Agency (Japan) Ltd.

まえがき

〜日本の読者の方へ〜

　ジョーティシュ或いはインド占星術は、古代インドの叡智を構成する重要な要素である。それは未来の出来事を予知することを助けるだけでなく、「ヴェーダの目」として考えられているヴェーダンガの１つであり、ヴェーダの重要な四肢でもあるからだ。そのため、ヴェーダ研究に没頭する人々にとって、占星術の研究は不可欠のものであった。

　古代インドにおいて、インド占星術の知識は、個人の人生や社会に対する人生を安全にし、実りあるものにする案内人として利用されていた。占星術師は、日々の生活について国王と相談し、来るべき不吉な出来事について警告する王宮の重要な一員であった。

　占星術にはイギリスによるインドの植民地支配という背景がある。その後、イギリスがインドを去ってから半世紀以上がすぎたが、占星術の研究は過去25年以上にわたって大いに高まった。それは、占星術が迷信やオカルトの影から脱却し、今や高等教育を受けた専門家がその研究に携わるようになり、高度に科学的な専門分野と認められるようになったからである。

　筆者がデリーで異なる分野の職業に携わる高度な素質をもった生徒達に占星術を教え始めたのは1990年代初頭であった。その当時、市場ではインド占星術を学ぶための良書が不足していた。インドにおいて教育を受けることができた生徒の大部分は、サンスクリット語で入手できる占星術の有用な文献を活用して研究することができなかった。その時、西洋教育や英語に親しんだ生徒の需要に見合うインド占星術の本を書くことを決心した。

　インド占星術は、出来事を予測するために使用される技法を膨大にもつ巨大な分野である。この分野は、主に5000年以上前に生きていたと思われる聖パラーシャラの時代から伝えられてきた知識体系を基礎としている。我々の大部分が追究している占星術のシステムは、パラーシャラ系の占星術と呼

ばれている。そのため、本書はパラーシャラシステムだけを扱い、あまり理解・普及していない聖ジャイミニによって公表されたジャイミニシステムと呼ばれる占星術のシステムについては、まったく触れていない。

　インド占星術において、初歩的な天文学の知識と出生図の手作りの作成法に習熟していることは重要である。本書では最初の数章を天文学とその計算に必要な原則を理解してもらうために割いた。また、ホロスコープ研究には、静的側面と動的側面の2つの側面があり、両者ともに理解することが重要である。静的側面は、チャート固有の約束事であり、基本チャートも分割図も規定する。動的側面は、約束事の結実のタイミングを含むが、これはダシャーやトランジット次第である。詳細は本書で述べているのでここでは割愛する。ヴァルシャハラやアシュタカヴァルガといったトランジットの特別の方法については非常に重要であるため、本書でもかなりのページを割いて論じている。さらに、惑星の強さを決定する方法、子供時代の健康悪化の原則、寿命決定の原則、医療占星術や日取選定（ムフルタ）のようなテーマも取り上げただけでなく、占星術のいろいろな講義から選択された豊富な事例も本書では紹介している。やさしい言葉で説明している分割図、惑星の状態、副惑星のような研究領域もあり、更なる研究への意欲が本書の豊富な事例から見出すことができるだろう。

　本書はすでにヒンズー語とロシア語に翻訳されていて、今回、日本語訳が追加されることは望外の喜びである。インド占星術は、階層、カースト、国、民族、宗教に制約されることなく、占星術に対して科学的アプローチをする誰もが、そのメリットを享受することができるものである。日本の読者も母国語で本書を読むことで、占星術に対する理解を一層深め、役に立ち報われるものがあると確信している。

2019年9月1日　K. S. Charak　デリーにて

序文（第4版）

『Elements of Vedic Astrology（インド占星術の基本体系）』は、パラーシャラ系占星術の最も体系的、包括的そして簡潔な著作として好評を得てきた。過去10年以上にわたって、その優位性は確固たるものになっている。より占星術の学習が進んだ人や研究者にとって、参考書として役に立つと同時に、インド占星術の入門を志す人々にとっても、標準的な本となっている。

　また、この著作は、占星術を学ぶ学生や教師にも高く評価され、インド占星術に関する同様の著作のよしあしが判断される評価指標にもなっている。

　現在の版は細部にわたるまで完全に改訂されている。さらにパラーシャラのスダルシャナチャクラの全体にわたる新しい章が最終章に加えられた。スダルシャナチャクラの分析方法は１つのチャートの高度で的確な判断を提供していくものと思われる。それは現在の版にこの章を加えることが真面目な学生のインド占星術の予測能力を著しく伸ばすものであることを希望している。

2006年8月1日　Dr. K. S. Charak

序文（第1版）

　ニューデリーのバラティアヴィディアバヴァン（BVB）の高等教育を受けたエリートクラスの学生に占星術を教えることは、教育の質を維持し高めるために教授陣に大きな要求を課した。その直接の結果として、何冊かの高水準の本が教授陣によって生み出された。こうした著作の適切な事例によって、いろいろな占星術の原理やテクニックを説明することが強調されてきた。たとえば、占星術の科学的基礎が反復可能な結果を与える原則を説明することによってくり返し説明されている。

　インド占星術の研究は、天文学の初歩的な知識を必要とし、ホロスコープ

の作成に関わる基本的な技術を必要とする。ホロスコープにおける静的な約束事と、そのような約束事の結実の時期という動的な側面を理解することはより深い考察を要求される分野である。インド占星術は生き生きとした確実な結果を採用する適切なテクニックを無数もっている。しかし、すべてのテクニックがすべてのホロスコープ上で、インド占星術のすべての実践者によって使用されているわけではないが、これらの大部分の知識は的を射たものである。結果として、それぞれの占星術師は最も自分にふさわしい標準的なテクニックを発達させる。

『Elements of Vedic Astrology（インド占星術の基本体系）』は、インド占星術の基本原理を提供することを狙いとしている。それは占星術の科学的基礎に焦点を当てている。最初の2〜3章は占星術の基本的な原則を明確にする方向を志向し、占星術に確実に関連する天文学の基礎的な知識を明快に記している。たとえば、高度に進化した古代のインド式教授方法の実例が有名な聖典から示されている。それはこれから学ぶ者にとって科学的そして精神的教育を告げる単純だがわかりやすいスタイルを目指している。星座、ハウス、惑星、惑星の性質及びハウスや惑星の表示体に関する占星術のいくつかの重要な領域が、非常に詳細に記述されている。そして、2つの章がホロスコープチャートを読むためのテクニックに割かれている。ホロスコープの読み方のマニュアル的な方法を理解することは、大きな利点があり十分に習得しなければならないことを、ここで指摘しておく。望むらくはコンピュータ化された計算の上に信頼性が今後は置かれることである。

　惑星の状態（アヴァシャー）、そして副惑星のような占星術の微妙な領域がさらに簡潔に論じられ、さらなる研究分野であることが示された。ヴィムショッタリダシャーシステムは、ヨーギニーダシャーが補足的な確認の道具を提供するために簡潔に述べられている一方で、詳細に扱われている。異なるハウスや星座、そしてそれらへのいろいろな惑星の影響の見地から占星術の標準的な古典から集められた大量の情報が提供されている。

　ホロスコープの水準は、ホロスコープにおけるすべての重要な惑星のヨガの存在或いは不在によって反映される。これらはチャートにおける可能性を評価するために、最初に認識され品質が評価されなければならないので、3

つの章を割いて図解した実例をあげて解説した。

　寿命の決定は、占星術におけるつかみどころのない分野である。それらの
陥弄とともに寿命を計算する標準的な方法も本書では述べている。

　次にインド占星術の専門化された予測分野における補足的な予測の道具を
読者に理解してもらうために簡潔に触れた。これらは医療占星術、ホラリー
占星術、トランジット、アニュアルチャート、そしてアシュタカヴァルガで
あり、ムフルタ或いはエレクション占星術に１章を割いた。こうした分野を
より理解するにはさらなる研究を必要とし、適切にヒントを与えなければな
らない。

　本書は、インド占星術において最も普及しているパラーシャラシステムだ
けを取り扱っている。あまり普及・理解されていないだけでなく、普遍的に
適用する前に十分な研究を必要とするジャイミニシステムなど他のシステム
については、範囲を超えるため除外した。

　つまり、本書は初歩から占星術を学びたい人、そして科学的な態度で真面
目に占星術を追究したい人々を対象として書かれている。そして結果として
占星術の専門分野へ行くことを望む人々にとっても、ステップを踏んだ目印
として役に立つことだろう。それは、分割図、副惑星、或いは惑星の状態等
未開拓分野を研究しようとする人々の支援にもなることを狙っている。

　私の努力が報われ、もし本書がこの意図した目的を満たすことになるなら、
これに増した光栄はない。

1995年５月25日　Dr. K. S. Charak

本書の要旨

　本書はⅠ・Ⅱ巻からなる。Ⅰ巻は1から16まで、Ⅱ巻は17から31までを取り扱うことになるが、内容的にもページ数的にも膨大になるため、最初にそれぞれの章の概要を述べておくことにする。読み進める上での羅針盤にしてほしい。

　以下にそれを記す。

　1は占星術と科目の紹介である。偉大なるヴァラーハミヒラによって記述された占星術師の資質に焦点が当てられている。科学、遺伝、カルマと占星術の関係が論議されている。

　2は占星術に適用される初歩的な天文学の概念を扱っている。それは獣帯、ナクシャトラ、地球中心の天文学的枠組みである、星座の上昇下降、サイデリアル時間の概念、歳差運動、固定獣帯と移動獣帯の理解に関係している。また、時間と周期の分割や、惑星のいくつかの機能が述べられている。

　3はパンチャンガやインド暦の特徴である天文学の領域を扱っている。ここでは、ティティ、ヴァーラ、ナクシャトラ、ヨガ、そしてカラーナのことが述べられている。いろいろな惑星の天文学的性質が簡潔に述べられている。

　4は聖パラーシャラが弟子のマイトレーヤに告げた教えが基礎となっている。説明はヴィシュヌプラーナから引用されている。それは古代のインドの教え方に興味深い光を及ぼしている。この章は60年の木星周期についての情報を含んでいる。パラーシャラによって述べられた筋道はヴィシュヌプラーナが書かれた時を決定するために用いられた。

　5はインド占星術と関係のある星座、ハウス、惑星について扱っている。この情報はインド占星術の原則の応用を理解するために必須のものである。

　6は惑星の吉星、凶星を決定させる標準的な占星術的原則を扱う。ホロスコープの分析で注意を必要とするいくつかの不都合な特別の要素について、筋道が述べられている。

　地上の生活のすべての側面がホロスコープにおける惑星、星座、12ハウスによって意味づけられる。そのような意味づけが7では集められている。

　8はホロスコープ上のいろいろなカスプとしてのすべての重要なラグナやアセンダントを決定する方法を説明するだけでなく、外国での誕生や南緯での誕生の場合のアセンダントの決定の方法を述べている。また、アセンダントのカスプを決定する古代の方式を示した。

　9は惑星の度数を決定する次の重要なステップを扱う。この章は次章と同様、基礎的なホロスコープを読むための一助となる。

　10は占星術を上手に使用をするために必要不可欠な分割図の16のタイプについて扱う。

　11はインド占星術において特別の使い方をする副惑星を簡潔に説明する。

　12はインド占星術においていくつかの秘められた使われ方をするある特別の惑星の状態を扱う。

　惑星はホロスコープチャートの強さ或いは弱さに応じた結果を生じる。

　13は惑星の強さを決定する技法を簡潔に扱う。

　14はダシャー或いは惑星の作用期間を計算する方法を述べている。最も重要なダシャーシステムであるヴィムショッタリとヨーギニーの2つを記述した。これらは事件の発生のタイミングを決定的にすることを意味する。

15は最も広く用いられるヴィムショッタリダシャーの解釈に関して記述した。サブサブ期間のレベルまでのアシャーの適用の原則が、主に聖パラーシャラの格言に応じて述べられている。

16において、バラリシュタ（新生児の傷つき）とアリシュタバンガ（傷つきの解除）の原則が述べられている。これらははっきりと理解されなければならない。事例は強調する原則を説明するために提供した。

17は異なるハウスの支配星の配置の結果を述べている。主に聖パラーシャラの格言に従っている。

18はホロスコープの異なるハウスの異なる惑星の配置の結果、特に、月から見た異なるハウスにおける異なる惑星の配置の結果が述べられている。

19は異なる星座にある異なる惑星の対置の結果、つまり、異なる星座における惑星の惑星に対するアスペクトによって生じる結果が述べられている。ダシャーの解釈の章と同様に先行する2つの章と一緒に、この章の理解が占星術的予言の背景を形成する。

20はナバーシャヨガと呼ばれる特別のヨガのタイプを扱う。これらのヨガは本人の支配的な型を示す。これらの結果は人生を通して感じられ、ダシャーのサイクルに依存しない。

21は惑星によって異なるハウスの在住を基礎に置いている。ラージャヨガ、ダーナヨガ、アリシュタヨガそしてパリヴァルタナヨガは、この章において見つけることができる。

22はいくつかの特別で雑多なヨガを扱う。パンチャマハープルシャヨガ、月と太陽の上に基礎を置いたヨガ、そしていくつかの重要で多様なヨガについて議論している。サナナヤ或いは再統一に導く簡潔なヨガの説明もここに

含まれている。

23はアルパーユ、マダパーユ、プルナーユに作用する方式を示す。数学的方法により寿命を計算する方法が述べられている。寿命の長さを決定する数学的方法の信頼性の不足が述べられている。

24は医療占星術を扱う。健全なそして不健全な健康を示す占星術的要素のアウトラインが示されている。これらの病気の原因となる敵対的なダシャー期間の役割に焦点が当てられている。

25はヴァルシャハラ或いはインド年間ホロスコープに向けられている。アニュアルチャートを作成する方法と実際が簡潔に扱われている。

26はムフルタ或いはいろいろな事業を始める時の適切な瞬間を選ぶ占星術について議論している。そしてパンチャンガの5つの構成要素の役割と事業を始める正しい瞬間を拾い上げる時のアシュタカヴァルガと同様にラグナについても扱われている。

27は結婚目的のためのホロスコープの伝統的な相性を扱っている。この方法はチャートの相性を理解するための8つのポイントであるアシュタカヴァルガ或いは8つのポイントを含む。この方法は現代社会の世界にそれらを合わせるためにより徹底したチャートの研究により補完されることが指示される。

28はプラシュナあるいはホラリー占星術を司る基本的な要素が議論されている。質問が行われる瞬間の重要性がインド占星術のこの分野の基礎である。

29はゴチャラ或いは惑星トランジットの原則を扱っている。ラグナと同様に月からゴチャラを分析する重要性が示されている。これは出来事の正確

なタイミングの時のダシャーシステムに付随している。

　30はアシュタカヴァルガシステムとして知られるインド占星術のユニークな道具を扱っている。このシステムは多くの労苦、正確さと同様、詳細への注意を含む一方で、ホロスコープチャートに賢明に適用させる時、素晴らしい結果を生じる。

　31は３つの重要点、即ちラグナ、月、太陽からホロスコープの複合的分析ができるスダルシャナシステムというパラーシャラの高度に役に立つ予言の道具を扱っている。スダルシャナシステムからのチャート分析の原則が説明されている。スダルシャナチャクラダシャの採用は１年毎、月毎、日毎を基礎とした出来事の正確なタイミングをなす。ヴィムショッタリダシャー、ゴチャラとスダルシャナチャクラダシャーを統合化する重要性が強調されている。

インド占星術の基本体系：目次

3 天文学の初歩的概念 Ⅱ ‥‥‥‥‥‥ 034

4 ヴェーディックの教育指導方法 説明 ‥‥ 048

5 星座、ハウス、惑星について …………… 064

6 惑星の性質 …………………………………… 078

7 ハウスと惑星の象意 ⋯⋯⋯⋯⋯⋯⋯⋯⋯⋯ **090**

8 ホロスコープの計算：ハウスのカスプ ⋯⋯ **100**

9 ホロスコープの読み取り： 惑星の度数(経度) ⋯⋯⋯⋯⋯⋯⋯ **116**

14 ダシャー或いは惑星が 活発化する期間・・・・・・・・・168

15 ヴィムショッタリダシャーの解釈・・・・・・・・・196

16 バラリシュタとアリシュタバンガ・・・・・・・・232

1

インド占星術の紹介

> オーム、ブラフマンよ、我ら（教師と弟子）を守り給え。
> 我らを導き給え。我らに強さと正しき理解を授け給え。
> 愛と調和とが、我ら一同ともにあらんことを。
> オーム！　シャーンティ！　シャーンティ！　シャーンティ！
>
> 「カタ・ウパニシャド　ウパニシャド」（日本ヴェーダーンタ協会）より

　占星術は、ヴェーダそれ自身と同じくらい古い。神聖なヒンドゥー経典であるヴェーダは永遠の知恵を具体化している。深い研究とともに厳しい道徳的で精神的な実践がヴェーダの本質を理解するために不可欠である。精神的に導かれない人にとっては、ヴェーダは空気、水、雷等への儀式的な聖餐以外の何物でもないと思われるかもしれない。しかしながら、信仰が深く進むにつれて、真実を求める人に拡がり始めた。

　古の時代において、インドの深遠な真理や知識の真剣な求道者たちは、彼らの師のもとでヴェーダに隠された意味を学びながら、長い年月を費やしたものであった。

　ヴェーダに隠されたことを解読するためには、間違いなく主題の研究が不可欠であると考えられる。これらの主題は、ヴェーダンガ※1或いはヴェーダ※2の身体器官と呼ばれ、次の6つヴェーダンガがある。

(i) **シクシャ**※3

　古代サンスクリット語で書かれたヴェーディック、ヴァルナス※4、スワラス※5そしてマントラの理解と正しい発音の技術を扱う。

(ii) **チャンダ**

　ヴェーディックスクタ※6の適切で抒情的な発声を扱う。

(iii) **ヴャカラナ**

　言語の文法的側面を説明する。

(iv) **ニルクタ**

　パダやマントラといった難しい言葉を説明する。

(v) **カルパ**

　経典の理解やマントラの使用を扱う。すなわちヴェーダの儀式的な側面に関わる。

(vi) **ジョーティシャ或いは占星術**

　ヴェーダと呼ばれる体に関して、占星術は過去、現在、未来をみる能力をもつ目を代表する。占星術はヴェーダンガの最も重要な部分として考えられる。

 # 占星術とは何か？

　占星術は、天体の言語の科学的な研究と応用である。これらの天体は天文学と数学の基礎の上に決定され、ホロスコープの形式において図表化される。ホロスコープにおける特定の位置は、大衆や地理的領域における特別の出来

※1　古代インドの聖伝文学の一種で、バラモンが祭祀を適切に行うための6種類のヴェーダの補助学をいう
※2　知識を意味する
※3　インドの伝統的な音声学
※4　インドの種姓（ブラーミン等）
※5　インド古典音楽の1つ
※6　ガーヤトリマントラ等のヴェーダの美しい叙述や呪文

事を示す。太陽、月、惑星、星が地球上の現象に影響を与えるかどうか、或いはそれらがいろいろな配置によって現象を示すだけなのかは取るに足らない。我々にとって重要なのは、それらの配置の変化は地球の出来事の変化を決定づけることである。即ち、占星術の批評を脇に置くには、相関関係が強すぎるのである。

誰が占星術に携わるべきか？

　古代において、厳しい行動の規範が占星術に携わる人に要求された。そのため、指導者は行動規範を守るに値する弟子だけに占星術を教えてきた。これによってグルシシャ（指導者と弟子）の伝統はインドにおいて長く引き継がれてきたのである。時の変遷とともに、往時の聖人によって置かれた規則の範囲内で、この聖なる研究をするのにふさわしいグルとそれに値する弟子を見つけるのは難しくなった。しかしながら、この古代の行動規範を知ることはまったく道理がある。占星術の尊敬されるべき権威であるヴァラーハミヒラは、占星術師に対して以下の資質を記述している。

(a)　**身体的特徴**：ヴァラーハミヒラによれば、身体的特徴は人間の内部の性質を反映している。占星術師は外見がよく身体のすべての部分において完全で健康でなければならない。手、足、爪、顎、歯、耳、額と頭、そして大きく印象的な声をもった健全なる健康の持ち主でなければならない。

(b)　**道徳的健全さ**：慈悲深く、穏やかで、渇望や反感がなくきれいな心で、他人の性質に批判的ではなく、卑しかったり世俗的に煩わされたりすることがない。

(c)　**会議の中での行動**：会議において自分自身の意見を賢く述べ大胆であるべきである。仲間の占星術師によって脅迫されない、品位がある、社会的歴史的な環境の中で抑制することを知っている。

(d)　**占星術の主題についての熟知**：ガニタ、サンヒター、ホーラとして知

られる３つの占星術の分野についてよく文献を読み熟知している。占星術師は５つのシッダンタ（或いは数学的技術）を研究しなければならない。数学的熟知はユガのような全体的なものから精緻な分野まで時間のいろいろな分割の知識を含み、また獣帯という最も素晴らしい知識を含むいろいろな分割の知識を知っていなければならない。

(e) **占星術のいろいろな分野の熟達**：占星術師は惑星の和解、友好惑星を友好化或いは敵対化し、自然災害を中立化する宗教的儀式や祭礼を行い、惑星の和解を扱う占星術の異なる分野の知識をもつことが要求される。

(f) **占星術の擁護**：占星術師は質問者の質問に答えなければならない。そして適切な場所、必要な時に適切な質問を行わなければならない。占星術師は、占星術の威厳を増すためだけに、その知識を活用し他者を驚嘆させるべきである。

(g) **占星術師の資質について**：占星術師は太陽系、大地、ナクシャトラと月の時間計閏月、60のサンヴァットサーラー[7]、ユガ、年、月、日、時、数学的天文学のいろいろな側面の意見、高揚、減衰、緩急の動き、惑星戦争のようなコンジャンクション、地球上の表面の場所の緯度、経度、ナクシャトラの動き、星座の上昇と下降、異なる緯度のチャルクハンダス[8]を含む惑星のいろいろな配置の知識をもっていなければならない。占星術師は高い自信をもち、聖典に対する明快な説明者であるべきである。

聖者パラーシャは、技術的知的道徳的な優秀さを特に強調しながら、同様に行動規範をも重視する。状況の賛否を図る能力、原則についてしっかりした知識をもって一貫した予言と時々は占星術と明らかに矛盾することも含めて統合化できる能力を強調する。

※7　サンスクリット語で「年」（木星の相対的な位置を基礎としている）
※8　異なる緯度の上昇計算を助ける道具の１つ

占星術のサブ分野

占星術には、以下の3つのサブ分野がある。

1. サンヒター

これは集団あるいは大衆を扱う。天候予測、農業生産、自然災害、洪水、飢饉、戦争、地震、サイクロン、市場動向、政府の交代、国家及び国際的出来事、そして大衆に影響を与える事実上のすべてを含む。チトラシュクラプラティパダから始まるヒンドゥニューイヤーか或いは太陽の牡羊座へのイングレスを一般的に基礎とする年間の世界予測はサンヒター占星術の分野である。

2. シッダンタ[9]或いはタントラ或いはガニタ

これは占星術の数学的分野を扱う。シッダンタ占星術にはいくつかの学術的体系がある。しかしそれらの中の5つが特別に重要なものとして考えられている。

それは、以下のものである。

(a) スーリアシッダンタ

(b) パウリシャシッダンタ

(c) ロマカ（或いはロマーシャ）シッダンタ

(d) ヴァシシュタシッダンタ

(e) パイタマハシッダンタ[10]

これらの能力は聖バラーハミヒラによれば、よい占星術師としての前提条件である。

※9　インド占星術に関係する数学的部分や計算のこと。タントラもガニタもここでは同じ意味で使用されている

※10　パウリシャ、ロマカ、ヴァシシュタ等は異なるリシにより書かれた計算方法

3. ホーラ

以下を扱う。

(a) 個人のホロスコープ或いはジャータカ、或いは出生図

(b) ムフルタ或いはエレクション占星術。それは日々の生活の特別の行動を達成するために吉兆の惑星配置の選択と関わる分野

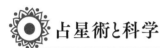# 占星術と科学

占星術の研究は、迷信の信仰として新しい科学者から汚名を着せられている。その主題を研究するために決して煩わされることのなかった人々によって、大きな批判が占星術に積み重ねられてきた。多くの批判者は占星術の基礎に疑問を抱いている。基礎の理解は継承されなければならないし、基礎が観察に先行することはないという事実を無視している。引力の基礎は、引力の実在が認められた後で決定された。オープンな心で研究するものなら誰もが占星術は高度に発達した科学であると認めざるを得ないだろう。

科学とは一般原則の下で批判的に検証され、体系化された観察と実験によって確認された知識であると定義できる。占星術はすべてこれらの条件をきびしく満たしているが、以下にあげる2つの側面を特に記述しておく。

(a) 原因と結果の現象

占星術を批判する人々は、物理学は因果関係によるが、占星術にはそれが欠けていると指摘する。しかしながら、彼らは、占星術は宇宙の科学であり研究室の制約によって縛られないということを認識していない。物理学において、実際的に目に見える或いは効果を生み出す大きな原因や精密な原因がある。精密な原因である引力は地球に向けて身体を引きつける大きな効果をもつ。占星術の場合は、数世紀にわたり発達し改善されてきた規則に従ってその効果は認識できるし予言もできるが、いつも一方で精密である。占星術の場合における精密な原因は、いろいろの天体や惑星の配置によって代表さ

れる宇宙の力である。物理学は明らかな効果からの原因だけを追跡できる。

　しかしながら、占星術は地球上の出来事を取り扱うとも記すことができる。この存在は既知の物理学以上の洗練された多くの変数や方法論がある。それゆえに正しい予言をすることは難しいし、占星術師にとって不断の努力を要求される。不幸にも占星術師の失敗はしばしば科学の失敗と誤って解釈されてきた。

(b) 再現の現象

　また占星術は、その原理が再現されたり再生産されたりするような結果を作り出さないという理由で批判されている。他方で物理学は再現性を誇りにする。実際に、あらゆる正しい占星術的予測は、占星術の再現の原理を強調することが指摘されている。占星術は複雑な科学であるので、すでに知られているあらゆる原理は、多くの変数を考慮に入れ、いろいろな肯定と否定を測りながら注意深く適用されなければならない。例えば古代インドの経典において、多くの占星術的格言は秘伝秘儀として存在する。それらが公開されて注意深く応用・研究された今日、それは永遠の適用可能性を証明し、心の開かれた科学者だけが知ることになるが、驚くばかりの輝かしい成果を与えている。惑星のコンビネーションの存在がマハーバーラタの戦争時にクリシュナ神に対するカルナ[11]によって述べられたこと、そしてそれが修正された形で第一次世界大戦が始まった1914年、第二次世界大戦が進行した1942年、インド-パキスタン紛争が起こった1971年に得られたことは偶然ではない。すべてのこれらの出来事の間中、インドはまったくごたごたしたことに関わっていた。インドとパキスタンが衝突した1965年においても同様だが、修正された惑星配置が生じた。占星術に対する批判を積み上げる前に、このような組み合わせが将来得られそうな時、どんな形においてか観察することは興味深いはずである。

※11　インドの叙事詩「マハーバーラタ」に出てくる王子の名

 **占星術とカルマ**

　カルマは、人の身体的精神的霊的働きの集積である。世界の傾向は人類には割りふられた自由意志があるという方向に進んでいる。しかし占星術が適合する場所では、それは先験的に決まった運命を扱っているのだろうか？　占星術の信仰と自由意志との間に葛藤があるのだろうか？　もし相互に葛藤があるならば、経典は如何に強調することができるだろうか？

　占星術は、因果関係の上に基礎を置いている。もし結果があるならば、それに先立つ原因もある。即ち、もし良い出来事か悪い出来事が今日起こるならば、その原因が評価可能であろうとなかろうと、それに対する原因があるはずに違いない。確かな機能、或いはカルマが直接の結果を生み出す。しかしながら他のものは長い期間の後で成果を獲得するかもしれず、具現化するのに数年、数十年（或いはもっと長く）かかるかもしれない。もし人がカルマの法則を信じるならば、その時の人生の環境や継続的な機会や欠乏は単なる偶然のものではない。これは我々に出生や再生の信仰をもたらす。人生においてなされるカルマは、時々は来世を明らかにしているに違いない。

　過去のカルマは、未来のカルマに影響を与えるある結果を生み出すので、我々に限界を生み出す。我々は自由意志をもつが、過去の行動結果に帰せられる限界の範囲内である。実際にカルマは運命を生じている。

　占星術師は、過去のカルマのどの部分に打ち勝つことができるのか、どの部分ができないのか、それゆえに苦しまなければならないのかを、指摘することができる。発現されたカルマは、発射されたミサイルのようである。それは対向ミサイルによって中立化できるかもしれないし、できないかもしれない。2つのミサイルの相対的な力関係次第である。

占星術と遺伝の関連性

　占星術研究の魅力的な側面は、家族のメンバーの間に存在する関連性である。これは研究の領域でもある。ある血縁集団が特定の両親の子供たちの間で存在できないように、ある惑星のコンビネーションが特定の家族で得られるわけではない。家族に属するホロスコープの研究は容易に認識できる類似性をもっている。この分野は占星術にとって大きな可能性がある。

相互に関連した運命

　いろいろな意味において、お互いに関係のある人同士では、ホロスコープにおいて明白な類似性を示すだろう。子供のホロスコープにおいて見られる出来事は、兄弟と同様に両親にも見られる。相互関係において緊密な関係になっている人々、或いはビジネスパートナーは、適切な期間に彼らのチャートにおいて強い類似性を示す。似たような運命の微分子が遠心的に同じ範囲に沈下し同様な行動をとる人々も、ともにグループを組むようになる。

占星術予測のための複合的アプローチ

　古代において、占星術は高度に科学的なやり方で研究され実行されていた。多様な調査の道具が病気を診断する時用いられる今日の医学のように、占星術においてもいくつかの異なるやり方が用いられている。しかし、古代の伝統が消失したので、占星術は少数の家族だけに限定されながら、家族の伝統へと縮小せざるを得ず、最近まで、多くの占星術師は予測の限られた範囲の予言を、限られた方法だけを用いて行っていた。
　しかしながら、最近高等教育を受けた人が、現代的科学的視点を与えながら占星術の研究を始めた。この聖なる教えは今、他の現代科学のように教育

機関で教えられている。占星術の研究はもはや方法やアプローチの限界にさらされてはいない。占星術の予言に対する高度に効果的で複合的なアプローチがこうして復活してきたのだ。何らかの発生した出来事はパラーシャラやジャイミニ・システムの使用、いろいろのダシャーといくつかの分割図とアシュタカヴァルガの適用のような多くの有効な技法を用いて、ホロスコープチャートにおいて確認される。同じ出来事は、出生と密接に関連するか関わるチャートについて、しばしば研究される。これは予測の成功を増し、科学的な学問としての占星術の優越性を証明することになる。

　次章では、この神聖な科学のいくつかの本質を説明するために熱心な試みを行うつもりである。

2

天文学の
初歩的概念 Ⅰ

梵天の昼は一千世期(ユガ)で終り、
夜は一千世期で終る。
それを知る人々は、昼夜を知る人々である。

「バガヴァバッド・ギータ第8章17」(上村勝彦訳　岩波文庫)より

　インド占星術は、天文学のしっかりした理解の上に成り立っている。古代インドにおいて、天文学は高度に発達した学問であった。そのため、天文学の知識は、占星術師にとって必要不可欠なものと考えられていた。古代のインド占星術師にとって、地球の自転や公転、季節の形成、蝕の発生、太陽月や太陰月の概念、昼夜平分時、惑星や空の星々の配置の微妙な概念は既知の事実であった。占星術師は今日の洗練された道具や望遠鏡の使用なしに、天体配置のいろいろな変化を判読できたことは、今日の電子/機械時計を通してだけ可能な時間の分割をすでに考慮に入れていたことを示し、その事実は、驚くべきことである。

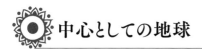

中心としての地球

インド占星術師は、宇宙において静止しているものは何もないことをよく知っている。それゆえに、空の固定された地点を拾い上げることを試みたり、このような地点との関わりから地球と他の天体の動きを考慮したりすることは不適切であった。どのような場合においても、宇宙のその他の天体とともに中心点として地球を考えたほうが便利であった。つまり、地球との関係において、地球はすべての天体の位置と動きを考慮したのである。インドの天文学と占星術が中心としての地球と考え、1つのやり方、或いは他のやり方で地球の周りを回っているすべての他の天体を考えたことは不思議ではない。インドの天文学は地球中心であり、後になって考えた太陽中心の考え方ではない。インドの天文学はすべての星が動いているのと同様、太陽系の太陽は星と同様に動いていると認識していた。インド天文学では、銀河系天体の中心の相対的な固定点はドゥルバと呼ばれる北極星であった。天文学の深淵な認識をもっていたので、地球の動きを無視したと古代インドの天文学者に対して責任を負わせるのは正しくない。

獣帯

天空における約18度の幅の弧が、地球の周りを東西方向に向かっているベルト或いは道を想像してみよう。固定された外観の星の集団は、この想像上のベルトに散らばっている。星の27（或いは28）のグループが、インド占星術において認識されている。明確な動作の欠如のために、ナクシャトラと呼ばれている。この想像上のベルトは、その上に点在するナクシャトラをもって獣帯と呼ばれる。

獣帯は、空の惑星や星の位置を固定化するための参照地点を形成する。それは地球を回るので、360度で成り立っている。均等に配置された27ナクシャトラは、それぞれ13度20分の範囲である。いろいろのナクシャトラは1

図2-1│獣帯

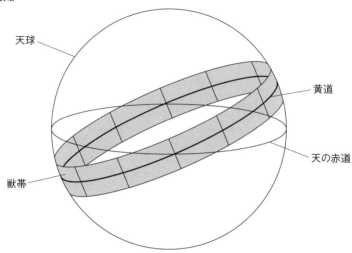

天球

黄道

天の赤道

獣帯

から27までナンバーをつけられている。

　固定化されたナクシャトラとは対照的に、グラハと呼ばれる天を動く天体がある。これらは獣帯に沿って西から東へ動く。これらはナクシャトラの背景に反して動く一方で、1つのナクシャトラと他の星（グラハ＝支配する）を把握していると思われる。インド占星術は9つの惑星である、太陽、月、火星、水星、木星、金星、土星、ラーフとケートゥを使用する。太陽は恒星であり、月は衛星である。ラーフとケートゥは単に獣帯の数学的な地点である。残りが惑星である。記述の便利さのために、惑星としてこれらの星すべてを参照している。

　獣帯は18度の幅の帯であり、赤道に対して斜めに位置している。それはラーシと呼ばれる12の等しい部分とナクシャトラと呼ばれる27の等しい部分に分けられる。黄道はこのベルトの中心を通って通過する（図2-1）。

　これらの惑星は、獣帯の範囲内に留まる一方、地球の周りを回っている。獣帯に沿った太陽の通り道は黄道として知られている。黄道は獣帯の中心を通っている。それは赤道の面に対して23° 28′ 傾いている。我々は、天王星、海王星、冥王星と呼ばれる外惑星を考慮することを慎重に避けてきた。そのため、これらはインド占星術の部分を構成しない。

星座或いはラーシ

　獣帯が12の等しい部分に分けられた時、それらの部分は弧形の30度の範囲をもつ。そのような分割は、星座或いはラーシと呼ばれる。1つの星座は2つと4分の1のナクシャトラから成り立つ。獣帯における特定の星の集団は獣帯の最初の地点として考慮される。この地点から27ナクシャトラ或いは12星座が始まる。獣帯の12分割のどこかに位置している惑星は、獣帯の12分割されたどれかの特定の星座に位置し、獣帯の27分割のどれかにナクシャトラも位置していると見なされる。

　太陽から土星までの惑星が、これらの星座の支配星として割り当てられる。太陽と月がそれぞれ1つの星座をもつのに対して、残りの惑星はそれぞれ2つの星座をもつ。

　ラーフとケートゥは一般的に星座を割り当てられない。12星座の名前、即ち惑星の支配星、獣帯の範囲等は表2-1に記述される。

表2-1 | 12星座の名前、支配星、獣帯の範囲など

	星座	日本語の名称	象徴	支配星	度数の範囲
1	メーシャ	牡羊座	♈	火星	0° - 30°
2	ヴリシャ	牡牛座	♉	金星	30° - 60°
3	ミトゥーナ	双子座	♊	水星	60° - 90°
4	カルカ	蟹座	♋	月	90° - 120°
5	シンハ	獅子座	♌	太陽	120° - 150°
6	カーニャ	乙女座	♍	水星	150° - 180°
7	トゥーラ	天秤座	♎	金星	180° - 210°
8	ヴリシュカ	蠍座	♏	火星	210° - 240°
9	ダヌー	射手座	♐	木星	240° - 270°
10	マカラ	山羊座	♑	土星	270° - 300°
11	クンバ	水瓶座	♒	土星	300° - 330°
12	ミーナ	魚座	♓	木星	330° - 360°

# ナクシャトラ

　27ナクシャトラは、0°から360°までの獣帯に沿って展開される。それら
もまた惑星によって支配されている。ナクシャトラの場合において、ラーフ
とケートゥは実在するものとして配置が割り当てられている。それぞれのナ
クシャトラは、さらにパダ或いはチャラナと呼ばれる4つの部分に分割され
る。27ナクシャトラにおいて108パダ或いは27ナクシャトラの4等分がある。
それぞれのナクシャトラの4分の1は3° 20′を意味する。ラーシとナクシャ
トラの関係及びそれらの展開と支配は表2-2に示される。

表2-2│ラーシとナクシャトラの関係及びそれらの展開と支配

ラーシ		ナクシャトラ	範囲	パダ	支配星
1　牡羊座	1	アシュヴィニー	0° 13′ 20″	4	ケートゥ
	2	バラニー	0° 26′ 40″	4	金星
	3	クリティカー	1° 0′ 0″	1	太陽
2　牡牛座	3	クリティカー	1° 10′ 0″	3	太陽
	4	ローヒニー	1° 23′ 20″	4	月
	5	ムリガシラー	2° 0′ 0″	2	火星
3　双子座	5	ムリガシラー	2° 6′ 40″	2	火星
	6	アールドラ	2° 20′ 0″	4	ラーフ
	7	プナルヴァス	3° 0′ 0″	3	木星
4　蟹座	7	プナルヴァス	3° 3′ 20″	1	木星
	8	プシャヤ	3° 16′ 40″	4	土星
	9	アーシュレーシャ	4° 0′ 0″	4	水星
5　獅子座	10	マガー	4° 13′ 20″	4	ケートゥ
	11	プールヴァパールグニー	4° 26′ 40″	4	金星
	12	ウッタラパールグニー	5° 00′ 00″	1	太陽
6　乙女座	12	ウッタラパールグニー	5° 10′ 00″	3	太陽
	13	ハスタ	5° 23′ 20″	4	月
	14	チトラ	6° 0′ 0″	2	火星

		14	チトラ	6° 6′ 40″	2	火星
7	天秤座	15	スワティ	6° 20′ 0″	4	ラーフ
		16	ヴィシャカー	7° 0′ 0″	3	木星
		16	ヴィシャカー	7° 3′ 20″	1	木星
8	蠍座	17	アヌラーダー	7° 16′ 40″	4	土星
		18	ジェーシター	8° 0′ 0″	4	水星
		19	ムーラ	8° 13′ 20″	4	ケートゥ
9	射手座	20	プールヴァアーシャダー	8° 26′ 40″	4	金星
		21	ウッタラアーシャダー	9° 0′ 0″	1	太陽
		21	ウッタラアーシャダー	9° 10′ 0″	3	太陽
10	山羊座	22	シュラバナー	9° 23′ 20″	4	月
		23	ダニシュター	10° 0′ 0″	2	火星
		23	ダニシュター	10° 6′ 40″	2	火星
11	水瓶座	24	シャタビシャー	10° 20′ 0″	4	ラーフ
		25	プールババードラパダ	11° 0′ 0″	3	木星
		25	プールババードラパダ	11° 3′ 20″	1	木星
12	魚座	26	ウッタラアーシャダー	11° 16′ 40″	4	土星
		27	レヴァティ	12° 0′ 0″	4	水星

　星座の獣帯の部分は、276° 40′ 0″から280° 53′ 20″に拡がり（山羊座においては6° 40′ 0″から10° 53′ 20″に等しい）、それは21番目のナクシャトラ（ウッタラアーシャダー）の最後の４分の１と22番目（シュラバナー）の始めを含む。その領域はアビジットと名付けられて、別のナクシャトラとして時々考慮される。これを加えると28ナクシャトラの数は変化する。この状況において、アビジットは22番目のナクシャトラとして考えられるが、引き続き６つのナクシャトラが（シュラバナーから進んで）（22から27に代わって23から28へと）変化されたと推測する。

地球中心の天文学的フレームワーク

　インド占星術において非常に基本的な天文学的概念を理解するために必要

なものとして、地球、地球の動き、地球を回る惑星の明らかな動きについての確かな事実を理解することが重要である。以下に、2～3の定義の説明を順序立てて行う。

球としての地球

　地球は球体であり、軸の周りを西から東へと回っている。地球の軸はその中央を通じての2つの極、北極と南極を結ぶ想像上の線である。別の想像上の線として、極から均等の距離で、東西の方向に地球の最も大きな周囲を横切って走っているものは赤道と呼ばれる。赤道は緯度0度と決められている。北から南に引かれた平行線は南北の緯度、即ち0度から一方的に90度である。想像上のラインは、北極から南極にと地球の表面上に引かれる。

　地球の周囲を図示すると、経度については360度に一致する。それらは地球の子午線として知られている。古代のインド占星術師は子午線を0度の経

図2-2│地球の緯度経度

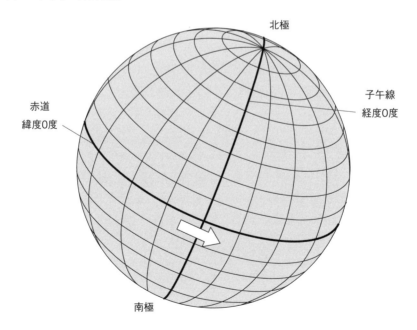

度としてウジャイン※1が地球上の子午線を通っていると考えた。現在、イギリスのグリニッジを通る子午線は経度0度に一致するものとみなされている。

　経度は0度から180度まである場所がグリニッジの東或いは西の特定の場所に対応して東或いは西へと表示されている。特定の場所の経度と緯度は、地球の表面を正確に位置づけられるべく連動している。経度の360度は24時間の時間の幅でもある。即ち1時間は15度と一致する。経度の1度は時間にして4分を表す。

大きな円周と小さな円周

　大きな円周は地球の中心を通り過ぎる円周平面である。赤道は地球上の円周であり北極と南極から等距離である。

　地球の中心を通らない円周の平面は小さな周と呼ばれる。赤道は緯度0度と一致するので、それに対するすべての平行線は北または南を表す小さな円周である。赤道が緯度0度と一致するのでそれに対するすべてのパラレル（平行）は北緯あるいは南緯を表す小さな円周である。

想像上の宇宙空間の拡大

　地球をめぐる宇宙空間は無限大の範囲まで拡がる。我々にとって、獣帯までの宇宙空間の拡張は基本的に重要な事柄である。

　天の球体は、すべての方向を無限に拡大された地球の想像上の投影である。地球の赤道の平面の宇宙への拡大は天の赤道と呼ばれる。天の北極、南極に加わる大きな円周が子午線と呼ばれる。1つの場所の子午線は地球の経度に一致する。グリニッジを通り過ぎる子午線は経度0度と一致し、主要子午線或いは標準子午線と呼ばれている。主要子午線とある特定の場所の間の角度の距離（地球の中心で主要子午線と与えられた場所に対する角度）は場所の経度と呼ばれる。

　太陽は真昼に特定の場所の子午線を横切る。赤緯（地球を回る太陽の明確

※1　インドのマディヤプラデシュ州の都市であり、ヒンズー教の聖地の1つである

な通り道）の交差は天中と定義される。それはホロスコープの10室のカスプと一致する。即ち、１つの場所の子午線は地球を回って北極からミッドヘブン（10室或いはzenith）、南極、ナディア（４室）そして北極へと戻って通過する。

赤緯と赤経

　緯度の緯線と同様に経度の子午線は、地球の表面上の場所を特定するのに役立つように、赤緯と赤経の子午線の形式の拡張は天球上の天体の位置を決めるのに役立つ。惑星の赤緯は、地球と地球の赤道で区切られた角度である。即ち、惑星の赤緯は、地球の緯度と正確に一致する。地球の赤道にある惑星は赤緯が０度であると言われている。惑星の赤経は角度の距離である。

　惑星の傾斜は、地球上での天の赤道に対する角度である。即ち、惑星の傾斜は、正確には地の緯度と一致する。地の赤道は０度の傾斜をもつと言われている。

　惑星の赤経は、春分点から天の赤道の上を前記の惑星を通して引かれた垂線が通る地点へと天の赤道に沿って東方に計測された角度の距離である。

赤道と黄道：季節の形成

　地球は24時間で自転している。この回転に沿って、１年或いは365.2422日（365日５時間48分46秒）で太陽を中心にして回っている。この時間の長さは、トロピカル（回帰線）年と呼ばれている。太陽を周る地球の通り道は、地球からは太陽が地球を回るように見え、黄道と呼ばれる。

　赤道は東西の方向で、地球の真ん中を走り、地球を北半球と南半球に分ける。東西の方向に沿う太陽の通り道である黄道は、赤道に沿ってはいないが、斜めに位置している。即ち、太陽の通り道の半分は赤道の北にあり、半分は赤道の南にある。

　アリャバッタは15世紀以上前にこう書いた。

　　　牡羊座のサインの始めから乙女座のサインの終わりまでの黄道の

前半は、（赤道に対して）北に傾いて存在している。天秤座のサインの始めから魚座のサインの終わりの（黄道の）半分は（赤道に等しく傾斜して）南に存在している。

　即ち、太陽は１年に２回赤道を横切り、２つの昼夜平分時として定義づけられている。春分は太陽が北の方向にある３月21日頃で起こり、秋分は太陽が南の方向にある９月23日頃で起こる。

　黄道は23度28分の角度で赤道に傾いている。それは２つのポイント、春分点と秋分点で赤道と交差する。地球の北極と南極は天の北極、南極と一致する。

　これらの２つの事象が起こる時、地球上の昼と夜は等しくなる。太陽は、このとき赤道上の垂直に位置する。これらの場合、太陽の傾きは、緯度０度を表す地球の赤道と一致する。

図2-3｜赤道と黄道

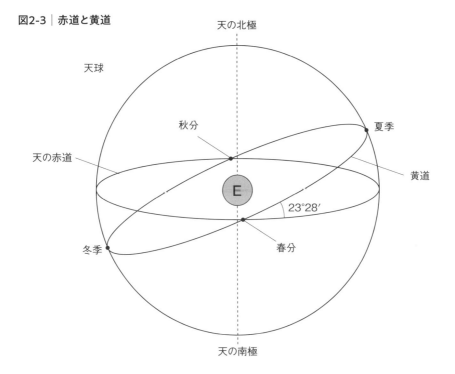

春分点の後で、太陽は最大限23度28分に達するまで、段々と北の赤緯に達する。これは6月21日頃に起こる夏至として知られている。太陽は、このとき蟹座の回帰線の真上にある。北半球はこの場合、最も長い昼と最も短い夜を経験する。逆のことが南半球では起こる。

　秋分点の後で、太陽は南へ向かい、冬至の時に最大南限の赤緯23度28分に達する。これは12月22日あたりで起こる。太陽は、このとき山羊座の回帰線の真上にある。北半球はこの場合、最も短い昼と最も長い夜を経験する。逆のことが南半球では起こる。

　赤道に対する黄道の傾斜が季節変動の原因となる。北半球が冬である時、南半球では夏である。北半球が夏である時、南半球では冬である。

地平線

　地球と空が出会う線を表す最も大きな円である。それは地表の観察者の立ち位置によって変化する。例えば、地球の北極の観察者にとっては、地平線は南半球が観察外となるので赤道と一致する。また、赤道にいる観察者にとっては、極を通過する大きな円が地平線を表す。この場合、2つの極が地平線になる。中間の位置では、地平線はそれぞれに応じて変化する。南半球の大部分は、観察者が北側に動くと地平線の外に移動する。そして北半球の大部分は、観察者が南側に動くと地平線の外に移動する。観察者にとって直接頭上になる天球の位置は、天頂と呼ばれる。これは観察者の地平線にとって真直ぐの角度である。その反対側の位置は、天底として知られる。天頂と天底を通して、天の北極と南極（赤道の北極と南極を通じて）、そして地平線の北と南を通しての大きな円はすでに参照したとおり、子午線と呼ばれる。

✹ サインの上昇と設定

　すでに述べたように、黄道は片側（南極と同様北極も）サイドで8度から9度に広がる星座の帯の中心を通過する。惑星はその獣帯の範囲内にある。地球は西から東にかけて24時間かけてその軸を回る。結果として、すべて

の天体は24時間に１回、東から西に回転しているように見える。その上に固定されたナクシャトラと星座が東から西に回転しているように見える。即ち、すべての星座とナクシャトラは24時間に１回ずつ連続して東の地平線を上昇し西の地平線に沈むように見える。12星座の内の６つは日中に東の地平線に現れ、残りは夜中に現れるが、次の点が重要である。

1．特定の時間での東の地平線に上昇する星座は、非常に重要であり、アセンダント或いはラグナと呼ばれる。それは黄道が東の地平線と交差する星座である。ホロスコープにおいては第１室を表す。

2．アセンダントから７番目の星座はディセンダント或いは下降点と呼ばれる。即ち、特定の星座が東の地平線に昇る時、反対の星座は西の地平線に沈む。これは黄道が西の地平線と交差する星座である。

3．子午線が黄道と交差する地点が天頂（地球の上）と天底（地球の下、正確には天頂の反対側）である。天頂（中天）は天底が第４室を代表するのに対して、ホロスコープの第10室を表す。

4．それぞれの星座は０度から30度まで地平線に昇る時間がかかる。すべての星座は同じ期間ではないので、ある星座は他の星座と比べて地平線上に完全に上に昇るということはない。

5．星座は上昇期間によって（ラーシマナス[※2]）３つのグループに分かれる。

　　グループＡ　牡羊座、蟹座、天秤座、山羊座
　　グループＢ　牡牛座、獅子座、蠍座、水瓶座
　　グループＣ　双子座、乙女座、射手座、魚座

　　１つのグループに属する星座は、赤道で同じグループに属する別の星座のように上昇するのに同じ時間を取る。それらが赤道から北極まで進む時、蟹座から射手座までの６つの星座は長くなり、残りの星座は短く

※2　星座が0度から30度まで上昇するのにかかる時間のこと

なる。一方で、山羊座から双子座までの6つの星座は、それらが赤道から南極まで進む時、短くなり、残りの星座は長くなる。

6．特定の緯度に対して、異なる星座に対する上昇期間は固定している。

7．惑星が赤道から離れる時、上昇期間に関する限り、ある星座は長くなる一方で、他の星座は短くなる。これはある星座は他よりも地平線上で長くなっているからである。

8．6つの星座は日昇から日没までの間を通過する。残りの星座は日没から日昇までの間を通過する。

9．これは冬において日が短くなる時、日中に継続して上昇する6つの獣帯星座は、より短い時間の通過期間をもつ。一方で、残りの6つのサインは長い通過時間をもつ。短い上昇の星座と長い上昇の星座が生じるのである。

10．北半球の長い上昇の星座は、蟹座、獅子座、乙女座、天秤座、蠍座、射手座である。これらは南緯にとっては短い上昇星座である。

11．南半球の短い星座は、山羊座、水瓶座、魚座、牡羊座、牡牛座、双子座である。これらは南緯にとっては長い上昇星座である。

12．極の近くにある時、特定の星座は上昇しない。

恒星時間（サイデリアルタイム）の概念

　地球は平均太陽日と称する24時間で軸を回転する。言い換えると、平均太陽日は太陽との関係における地球の自転の機能である。獣帯における何らかの恒星を対象として考慮しながら、地球は約23時間56分（正確には23時間56分4.09秒）で1回転をする。恒星に対する地球の1回転は恒星日と呼ばれる。別の言い方で言うならば、恒星日は1つの場所の子午線上にわたる、恒星の2つの連続する通過の間の時間差である。恒星日は平均太陽日より短い3分56秒である（約4分）。

　恒星日は24恒星時間よりなる。この方式により計算された時間が恒星時間である。恒星時間は獣帯の恒星との関連において、地球の角度の回転を考

慮するので、地球は同じ恒星時間では毎日、獣帯を基準に同じ位置に到達する。つまり、同じ恒星時間のどの場所でも、獣帯の星座の配置（上昇宮、下降宮、第10室、第4室等）は同じになる。これがなぜ時計によってもたらされる平均太陽日の特定の瞬間の占星術チャートを作成するために恒星時間を得るかの理由である。

　なぜ平均太陽日は恒星時間より長いのか？

　特定の恒星日において、恒星を基準に、地球が1回転するまでに、太陽は獣帯に沿って約1分以上動いた。地球が太陽を基準にして同じ位置に達するためには、余分に1回転する必要があり、それによって毎日約4分の追加時間を要する。

☸ 昼夜平分時の歳差

　地球は365日5時間48分46秒で太陽の周りを1回転する。地球から考えるならば、太陽はこの期間黄道の1回転を終えるように思われる。これがトロピカル年と呼ばれるものである。トロピカル年の間において、地球は太陽のもともとの角度の位置を再び得る。地球−太陽周期は、季節の事件やタイミングに依存しているので季節年と呼ばれている。もし我々が春分点あたり（地球上で昼と夜が等しくなる3月21日頃）から地球をめぐる太陽の回転を考えるならば、それがトロピカル年になる。

　しかしながら、もし1つの春分点から次の春分点の終わりまでのトロピカル年で、我々が獣帯上の恒星を基準にして地球の位置を考えるならば、地球はもともとの位置の西へ天の経度で50.26秒に位置すると思われる。地球が1回転のあと恒星を基準にして同じ地に達するためには、365日6時間9分9.5秒の時間がかかる。この時間の距離が、恒星時間と呼ばれる。サイデリアル年はトロピカル年より20分ほど長い。この時差が天の経度の50.26秒に匹敵する。

　毎年、春分点は獣帯に沿って50.26秒ずつ短くなる。この獣帯に沿った春分点の継続的な後退は、昼夜平分時の歳差運動と呼ばれる。

図2-4｜歳差の図

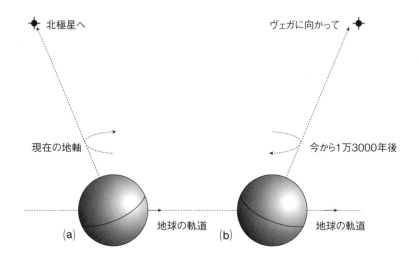

北極星へ

ヴェガに向かって

現在の地軸

今から1万3000年後

地球の軌道　(b)

(a)　地球の軌道

時計回りの方向の地球の軸のぶれは、昼夜平分時の歳差が原因となっている。軸は現在北極星(a)の方向へ向けた位置にある。約１万3000年後において、それは琴座ヴェガ(b)から２〜３度以内の位置に動くだろう。

歳差の原因

地球は回転する先端部分のように地軸の周りを回る。その時、地球の北極（つまり天の北極）は黄道軸の回りを47度の円を描いていく。要するに、赤道の平面は常に移動点で黄道の平面と交差する。この位置は牡羊座の０度或いは春分点であり、毎年約50.26秒の割合で西に後退して進む。これが歳差と呼ばれる。この歳差の要因は、獣帯におけるすべての恒星の赤緯の緩やかな増加である。歳差は１周するのに２万5800年（約２万6000年）かかる。この歳差の認識は、インド占星術の基本概念の理解の最優先の重要事項である。

固定星座と移動星座

固定星座或いはサイデリアル獣帯は、その基礎としてナクシャトラを考慮

している。その最初の度数は星宿のレヴァティのグループの特定地点から牡羊座の１度として始まる。しかしながら、春の昼夜平分時点から計算される別の獣帯がある。ここでは牡羊座の最初（０度）は春分点から始まる。これが移動あるいはトロピカル獣帯と呼ばれるものである。すでにわかるように、移動星座は、固定星座を特徴づける星に沿って西に向かって後退を続ける。

アヤナムシャ[3]、サヤナ[4]、ニラヤナシステム[5]

　１年につき50.26秒という昼夜平分時の歳差のために、春の昼夜平分時（移動星座の０度）と固定星座の牡羊座の０度との間の距離は次第に増加する。特定の時期のこの距離はアヤナムシャと呼ばれる。即ち、アヤナムシャは固定星座と移動星座の間の差異を表す。固定星座を考慮するシステムはニラヤナ（アヤナなしの）と呼ばれる。一方、移動星座を考慮するシステムはサヤナ（アヤナのある）と呼ばれる。惑星度数のニラヤナの数値はサヤナ度数から特定の時間のアヤナムシャを引くことによって得ることができる。

　固定星座と移動星座は、アヤナムシャがゼロであった西暦285年において一致する。上記に述べられた昼夜平分時の歳差の割合で、1995年１月１日のアヤナムシャは23度47分26秒である。昼夜平分時の歳差は約２万6000年で周期を完成する。すでに述べたように、固定星座と移動星座は、この時間帯の後で法則に一致する。サヤナとニラヤナが一致する西暦285年を基礎において計算されたアヤナムシャはチトラパクシャアヤナムシャと呼ばれる。

 # 時間の計算に関する古代の方式

　ヴェーディックの単位は、時間を計算する洗練された方法である。天才と宗教を結びつけ、知性と神への貢献に等しく呼びかけた。時間を計算するいくつかの方式があるが、標準的な方式は以下のとおりである。

※3　歳差
※4　サイデリアル
※5　トロピカル

1 アス（プラーナ）	=	4（サイデリアル）秒
6 アスス	=	1 サイデリアルパラ（ヴィガティ、ヴィナティ、或いは 24 秒）
60 パラス	=	1 ガティ（24 分）
60 ガティ	=	1 日（24 時間）
30 日	=	1 か月
12 月	=	1 年
43,200,000 年	=	1 ユガ
72 ユガ	=	1 マヌ
14 マヌ	=	1 カルパ（或いは 1008 ユガ）
2 カルパ	=	ブラーマの一昼夜
ブラーマの 30 昼夜	=	ブラーマの 1 か月
ブラーマ 12 か月	=	ブラーマの 1 年
ブラーマの 100 年	=	ブラーマの人生（1 マハカルパ）

　上記に加えて、次の時間の計算方式が占星術的目的のために用いられている。

1	サイデリアルデイ	=	1 つの星の上昇から次の上昇への時間の間隔
2	シヴィルデイ	=	1 つの日昇から次の日昇時間の間隔
3	太陰月	=	1 つの新月から次の新月へ
4	太陽月	=	1 つの星座から他の星座への太陽の進入の期間
5	木星年	=	1 つの星座を通しての木星の動きの期間（バラスパチャ）
6	太陽年	=	太陽の 1 回転の期間

 円の分割

　角度の計測は、インドの天文学者によって同様に記されている。

60 プラトパラス	=	1 タトパラ
60 タトパラ	=	1 ヴィリプタ（或いはヴィカラ、秒）
60 ヴィリプタ	=	1 リプタ（或いはカラ、分）
60 リプタ	=	1 ラバ（バガ、アムシャ、度）
30 ラバス	=	1 ラーシ（星座）
12 ラーシ	=	1 天の回転、周

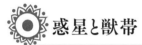

惑星と獣帯

　惑星は、楕円形の軌道を異なる速さで太陽の周りを回る。それらは楕円形の軌道で地球の周りを回っているようにも見える。

　パラーシャラはこう言う。

　　　星は東に向けて進むけれども、それらはあたかも移動する力の影
　　響の下では、西の方向へ動いているかのように見える。

そして、次の3つの要素が重要である。

1．西から東の方向への地球の回転
　　これは夜と同様昼さえも起こっているので、惑星が地球を横切って東から西へ動いているようにも見える。
2．東から西への獣帯の毎日の回転
　　地球の回転はすべての獣帯があたかも地球の周りを毎日1周しているかのように見える。一昼夜の期間において、獣帯のすべての星座（そしてすべてのナクシャトラ）は連続して東から昇り西に沈む。
3．西から東への惑星の移動
　　地球の毎日の回転は太陽と他の惑星が東から西へと動いているように見えるが、実際それらは獣帯に沿って西から東に動いている。即ち、牡

羊座の惑星は実際牡牛座に動き、それから双子座等々へ動く。

惑星の秩序

アリャバータ※6は、次のように惑星の秩序について記している。

　　星群の下に、惑星が土星、木星、火星、太陽、金星、水星、そし
て月（他の下に１つである）が存在する。即ちそれらすべての下に
地球が存在する。

日時の支配星としての惑星

アリャバータは続けて言う。

上記に述べられた７つの惑星は、速度が増加する順番に配列され土星から
始まる、継続する時間の支配星である。増加する速度の順番で４番目にくる
惑星が日の出から計算された連続する惑星の支配星である。

１日に24ホーラがあり、それぞれのホーラは大体１時間に匹敵する。日
の出から始まる１日における最初のホーラ※7は、その日の支配星に属する。
連続するホーラは上記に述べられた土星、木星、火星、太陽、金星、水星、
月、土星等々、次の日の出の終わりまで順番に続く。

土星から４番目に来る惑星は太陽である。それゆえ、太陽は土星に続く日
の支配星である。即ち、土曜日に続く日曜日である。太陽から順番に数えて
４番目は月である。それゆえ、太陽の次の日は月、即ち月曜日である。

内惑星と外惑星

惑星の水星と金星は太陽と地球の間にあり、それぞれ軌道をもち、内惑星
と呼ばれる。これらの惑星は太陽から遠く離れることはできない。水星は太
陽から最大27度動くだけであり、金星は、太陽から最大限47度動く。

地球の軌道の外に軌道がある惑星、火星、木星、土星は外惑星と呼ばれる。

※6　古代インドの数学者、天文学者
※7　日の出が始まる惑星順の時間の単位

図2-5｜地球から見た外惑星の逆行現象

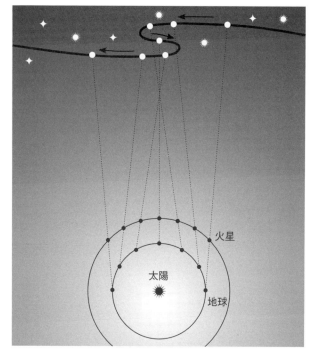

地球から見た時、外惑星に見かけ上の逆行現象がある

逆行と順行

　惑星は、西から東の獣帯に沿って太陽の周りを動く。しかしながら、地球
から見る時、その動きが星の後ろ側の方向に逆行しているように見える時が
ある。この逆向きのくり返しの見かけ上の動きは逆行と呼ばれ、予測占星術
において特別の意味をもつ。しかしながら実星ではないラーフとケートゥは
いつも逆の方向に動いている（第3章を参照）。

惑星のコンバスト

　惑星が太陽に近すぎる時、目に見えなくなり、これをコンバストと呼ぶ。コンバストの惑星は、その力を失い予測占星術によれば凶悪に振る舞う傾向がある。アリャバータは、コンバストについて以下のように述べている。

　月が経度をもたない時（つまり度数０度の時）、太陽から12度の距離に置かれる時に目に見える。金星は太陽から９度の時目に見える。減少する大きさの順番におかれる他の惑星（木星、水星、土星、火星）は太陽からの距離で２度ずつ増えて（それらが11、13、15そして17度の時）９度の時に目に見える。

神としての惑星

　惑星はエネルギーの集中を表す。それらは天の性質により大地の現象に影響を及ぼす。今日理解され行われているインド占星術の父であるパラーシャラは、神々の象徴として惑星を考えた。

　彼によれば、

(ⅰ)　太陽はラーマ神を表す。

(ⅱ)　月はクリシュナ神を表す。

(ⅲ)　火星は形が半分人間で半分ライオンのナルシマ神を代表する。

(ⅳ)　水星は仏陀を表す。

(ⅴ)　木星はヴァマナ神であり、世界を悪魔の支配から取り除く小人の形をしている。

(ⅵ)　金星はパルシュラマ神を代表する。

(ⅶ)　土星は陸カメの化身であるクールマを表す。

(ⅷ)　ラーフはボアの化身であるスーカルを表す。

(ⅸ)　ケートゥは魚の化身であるミーナを代表する。

　ギータによれば神でさえも、正義の原理を守り悪行を罰するように、惑星はまた彼らの善行と悪行に責任を負わせる。要するに、惑星はホロスコープ

において吉星と凶星として振る舞う。神の性質にふさわしくすべての惑星は良い結果と悪い結果をもたらす。それらによってもたらされた現実の結果は、これらの惑星の固有の性質に応じて現れる。

3

天文学の
初歩的概念　Ⅱ

昼が来る時、非顕現のもの（根本原質）から、
すべての顕現（個物）が生じる。
夜が来る時、それらはまさに
その非顕現と呼ばれるものの中に帰滅する。

「バガヴァバッド・ギータ第8章18」（上村勝彦訳　岩波文庫）より

 パンチャンガ

　占星術の知識は、インドの家庭で毎日使用される。すべてのヴェーディックの儀式と日々の仕事でさえも占星術を活用している。予測占星術が主に古代において王のために使用が制限されていた一方で、我々が今日いわゆるエレクション占星術と呼ぶ実際的な占星術は、俗人にも同様に関わっていた。いろいろな祭り、儀式、ふさわしい瞬間の選択を目的とした惑星配置についての情報を詳細に解説するインド暦はパンチャンガと呼ばれ、遠い昔の時代から使用され続けてきたのである。

　パンチャンガは、5つの部分から成り立っている。

1．ティティ或いは月の日付

2．ヴァーラ或いは週日

3．ナクシャトラ或いは月の星宿

4．ヨガ

5．カラーナ

ヴァーラ或いは週日が太陽だけの機能である一方で、パンチャンガの他の4つの部分は月だけの、或いは月と太陽の連携によっている。即ち、月は太陽に加えて、インド占星術において特別の意味をもつ。

 各太陰月

月は太陰月の期間で地球を1か月で1周する。他の惑星のように、地球の動きのために逆の方向に動いているように見えるが、月は獣帯に沿って西から東に動く。地球の周りの月の回転は即ち太陰月と呼ばれる。太陰月には、次の4つのタイプがある。

1．**恒星月**：これは月を地球から観察する時、獣帯を1周する期間である。その期間は平均太陽日の27.3217日に等しい（或いは約27日7時間43分である）。恒星と対比して観察される月は、この期間に獣帯を1周し、同じ星に戻る。

2．**朔望月**：新月から次の新月まで経過する時間である。その期間は、29.5306平均太陽日（或いは約29日12時間44分）である。朔望月はルーネーションとも呼ばれる。新月は太陽と月のコンジャンクションを意味する。朔望月は、太陽と月の関係を表示するので、恒星月より大きい。月の1回転の間に、太陽もまた1つの星座をほんの少し獣帯に沿って動く。それゆえ、太陽に追いつくためには（朔望月を完成させるために）、月は余分な時間をもたなければならない。

3．**交差月**：月の通り道による蝕の交差は、月の上昇ノードと下降ノード

の形成となる。それはいわゆるラーフ、ケートゥとして知られている。それらは獣帯に沿って逆の、或いは逆行の動きをする。交差時間は月がラーフからラーフへとめぐる1周を完成させるのにかかる時間である。ラーフは逆の方向へ動く以上、それは獣帯に沿ってほんの少し早く月と出会う。交差月の期間はおよそ27.2122平均太陽日である。

4．近点月：月が地球の周りを1周するのにかかる時間である。近地点から近地点の軌道において、その期間は27.5546日である。

【注釈】
　地球が太陽を回るように、月は楕円形の軌道を描いて地球を回る。軌道自身は太陽や惑星による顫動により絶えず流動する。近地点とは、地球の周りを回る軌道において天体（この場合は月）が地球から最短距離になる地点である。その逆は遠地点と呼ばれ、地球の周りを回る天体軌道が地球から最も遠い距離になる地点である。近点月の月日は、近地点から近地点へと地球を回る太陽の通り道を示す太陽の近点年と同じである。或いは、実際に、近日点から遠日点へと太陽を回る地球の通り道を示す近点年である。近日点と遠日点は、太陽を中心として、その周りを回る惑星の近地点と遠地点に等しい。

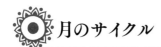 月のサイクル

　月の1年は、一般的に占星術的な目的で考える時、約354日の期間で昇る12会合月で構成される会合年である。それは360のティティ或いは太陽月の日付（会合月における30ティティ）を含む。これは、約11日、365.25日の太陽年に足りない。

　もし全体にわたって太陰暦が続くならば、太陰年は太陽年より11日早く終わるので、いろいろな季節変化は太陰月に一致することはない。これは3太陽年毎に1か月の差異が生じることを意味する。これを補うために、そして太陽暦と太陰暦とを並行して機能させるために、太陽太陰という概念が生み出された。その結果、閏太陰月が約3年毎に或いはより早く考慮されることになった。

　この閏月は、太陽暦と太陰暦との間に調和をもたらすために定期的に考慮され、「閏月」と呼ばれる。3年サイクル、5年サイクル、8年サイクル、

11年サイクル、19年サイクル、30年サイクルで構成しているいろいろなユガの使用は、インドの前ヴェーディックな時代の天文学者によって、太陽暦と太陰暦を調和させるための素晴らしい試みを意味する。19年サイクルは観察される中では最も正確なユガ或いはサイクルと思われる。それは19年間の太陽年にわたって7つの閏月から構成されている。言い換えれば、228太陽月の期間において、235会合月（新月或いは満月）があることを意味する。

古代ギリシャのメトニック周期

19太陽年の期間内に235回の朔望月（太陰月）が起こるという上記の観察は、古代ギリシャの数学者メトン（紀元前433年）による発見とぴたりと一致する。それは19年間にわたる全日数（19×365.2422）の数は6939.60日になる。235会合月（235×29.5306）の全体数は6939.69日になる。2つの数字は驚くほど近い。これは19年或いは228太陽月（19×12.228）の期間は235太陰月数あるいは19年＋7太陰月と等しいことを意味する。我々はすでに19年間に7回の閏月が発生すると上記で観察している。

太陰太陽暦の19年間の周期は非常に正確なので、ティティ或いは月の日付は正確に19年後同じ日の位置にくる。蝕のような天文学的現象でさえもかなりの正確さをもって19年後にやってくる。

アディカーマサ或いは閏月

太陽はその星座或いはラーシを毎月変える。それが星座に入る日は星座イングレスすると呼ばれる。1つの星座への太陽イングレスのない太陰月は閏月と考えられる。閏月は32太陽月と10日に一度起こる。これは大体3年を置いて1回発生する閏月を意味する。この年の期間は13太陰月となる。

クシャヤマーサ或いは欠月

これは1つの太陰月に2つの太陽イングレス（太陽が2つの星座に入る等）がある時に起こるが、そう頻繁には起こらない。欠月がある時、1年に2回の閏月が起こる。

パクシャ

　パクシャは、15太陰日から成り立つ。２つのパクシャが１太陰月を作る。クリシュナパクシャはプルニーマ（満月）からアマヴァーシャ（新月）へ展開する。シュクラパクシャは新月から満月へと展開する。

月のノード

　月の目に見える通り道はノードと呼ばれる２つの地点で黄道を斜めに交差する。これは斜めの角度で赤道を交差する太陽の通り道あるいは黄道に似ている。月が南から北へ黄道を横切る地点は上昇点或いはラーフと呼ばれる。北から南へ黄道を横切るところは、下降点或いはケートゥと呼ばれる。これらの２つの地点は６星座或いは180度離れている。昼夜平分時が黄道上を西へ移動するように、月の軌道は絶えず移動地点で黄道を横切る。即ち、ラーフとケートゥは退きながら或いは進みながら西に移動していく。それゆえ、これらの動きは、絶えず逆行して、約18年と10日をかけて獣帯を一回りする。

　ラーフとケートゥは、天文学的な感受点にすぎないが、インド占星術において特別な地位をもっている。それらは他の惑星と同様に、惑星として取り扱われる。

図3-1｜太陽を回る地球の軌道と地球を回る月の軌道

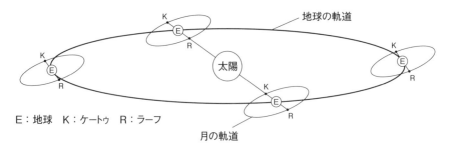

E：地球　K：ケートゥ　R：ラーフ

ラーフとケートゥは、月の軌道が地球を回る太陽の黄道と交差するところで形成される。

蝕

2つの種類の蝕がある。
1．日蝕
2．月蝕

　日蝕は月の影が地球に映る時に発生する。即ち月が太陽と地球の間にたまたま存在する時を意味する。これは新月の日、即ち太陽と月がコンジャンクションし、地球と同じ側にたまたま新月がある時に起こる。月の軌道は約5度の角度で黄道と傾いているので、太陽－月－地球のトリオはすべての新月の日に必ずしも直線的な線に並ばない。それがなぜ新月の起こるすべての日に蝕が起こらないかの理由である。

図3-2｜月蝕と日蝕

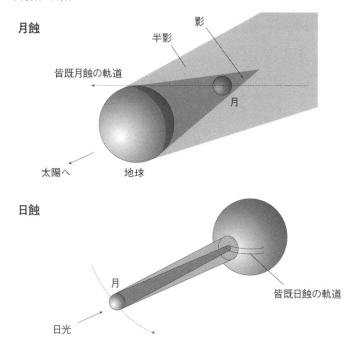

月蝕は月が太陽と反対側にあり、2つの間に入る地球を挟んで並ぶ時に起こる。地球の影が月の上に反映する。これが太陽－地球－月のトリオが一直線に並ぶ満月の時に起こる。その一方で黄道への月の傾角のために、この状況がすべての満月の時に生じるわけではない。

　月が上昇降下するノード（ラーフとケートゥ）で黄道を横切ることが指摘されてきた。それゆえに、月はラーフとケートゥに近くなければならない。そして太陽も地球と太陽と月が一直線に並ぶことを保証するために、十分近くなければならない。皆既日食は、"飲み込まれたラーフ"という表現がしばしば用いられる。

　日蝕は、もし新月がノード（ラーフ、ケートゥ）の18度30分以内で起こるならば、起こり得る。そして距離が15度以内ならば確実に起こる。月蝕は満月の日に起こる（太陽と月はお互いにオポジションとなる）。月とノードとの距離が12度以下である時起こり得る。もし距離が9度30分以内であれば確実に起こる。最大限7つの蝕（4つか5つの日蝕、2つか3つの月蝕）はなんらかの特定の年に起こり得る。

◉ ティティ或いは月の日付

　30の太陰日の日付或いはティティがある。それぞれ12度である（30×12＝360度）。それぞれのティティは月が太陽からどのくらい離れているかの表示である。

　それは月の度数から太陽の度数を引き、その数字を12で割ることによって得られる。

　その商＋1が特定の日に展開されるティティの数を決める。

　即ち、

　　（月－太陽）を12で割る
　　ティティ＝Q＋1

図3-3 | 月の位相

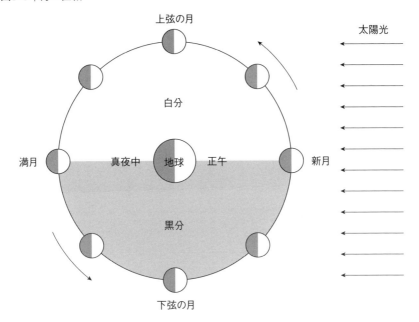

　ティティは、最初の白分或いはシュクラパクシャから数えられる。太陽と月のコンジャンクションは30ティティ或いはアマヴァーシャ（新月）と一致する。月が太陽を追い越すのが12度以内である時、白分の最初の日である。180度離れて月と太陽が反対の位置にある時、それはプールニーマ（満月）と呼ばれる白分の15番目である。ここから先に向かって、クリシュナパクシャ或いは黒分が始まる。ティティはここで再び最初から始まり、月と太陽がコンジャンクションする15番目の新月或いはアマヴァーシャまで進む。特定の日の日昇時に起こるティティはその日1日中働くと思われる。

ブリッディ或いは付加されるティティ

　1日の日の出前から始まり、次の日の日の出の後に終わるティティは、ブリッディティティと呼ばれる。このようなティティは2つの連続する日にわたって働く。

クシャヤ或いは除外されるティティ

　1日の日の出後から始まり、次の日の日の出の前に終わるティティは、クシャヤティティと呼ばれる。このティティはその月のサイクルの間中その機能を停止すると思われる。ティティは日々の儀式を行う際、そしてエレクション占星術において非常に重要である。

 # ヨガ

　27のヨガがある。それぞれは（360°÷27°＝13°20′）の13度20分となる。ヨガは月と太陽の度数の合計の度数を示し、13度20分の倍数である。ヨガの度数はナクシャトラの度数（すでに取り扱われた）と同じだが、2つの間に関係はない。太陽と月のサイデリアルの度数を加え、13度20分で割る。商に1を加えて先に進む最初の1つ（ヴィシュクンバ）のヨガの数を得る。
　27ヨガは以下のようにリストされる。

1．ヴィシュクンバ	14．ハルシャナ	27．ヴァイドゥリティ
2．プリーティ	15．ヴァジュラ	
3．アユシュマン	16．シッディ	
4．サウバギャ	17．ヴィヤティパタ	
5．ショバナ	18．ヴァリヤナ	
6．アティガンダ	19．パリガ	
7．スカルマ	20．シヴァ	
8．ドゥリティ	21．シッダ	
9．シューラ	22．サディヤ	
10．ガンダ	23．シューバ	
11．ヴリッディ	24．シュクラ	
12．ドゥルヴァ	25．ブラーマ	
13．ヴァガータ	26．インドラ	

ティティのように、ヨガはエレクション占星術や毎日の儀式において集中的に使用される。

# カラーナ

カラーナはティティの半分である。或いは円弧の360分（6度）である。太陰月を含む30のティティにおいて、60の半分のティティ或いはカラーナがある。

太陰月において一度だけ起こる4つのカラーナがある。それらは固定されたカラーナであり、以下のように呼ばれる。

1．シャクニ：黒分の14日の後半に配置される。
2．チャトゥシュパダ：アマヴァーシャ（黒分の15日目）の前半に配置される。
3．ナガ：アマヴァーシャの後半に配置される。
4．キムシュトゥガナ：白分の最初の日の前半に配置される。

残りの7つのカラーナは、太陰月の残りの期間の間に8回戻る。

1．バーバ
2．バラヴァ
3．カンラヴァ
4．タイチラ
5．ガラ
6．ヴァニジャ
7．ヴィシュティ

これらのカラーナは、白分の最初の日の後半から始まり、黒分の14日前

半まで順番でくり返す。カラーナもまたエレクション占星術の儀式において使用する。

惑星についての天文学的事実

　次に、インド占星術に関連のある惑星（太陽、月、惑星、ラーフとケートゥ）に関して簡潔に記述する。

太陽

　9つのグラハ（惑星）の内で最も重要な惑星である。実際に、太陽はその周りを回転する惑星を伴い、宇宙の中で我々の最も近い恒星である。それは地球のすべての自然の光や熱の源である。それはその周りを回る惑星によって起こされた遠心力と均衡する求心力を提供する。その直径は13億9200万kmであり、地球の直径の約109倍である。太陽の質量は、地球の質量の32万3000倍である。それは極端に高い地表と核心部の温度をもつ。同時に、太陽は宇宙の中心と考えられている（これはヴェーダ学者の見解であるとは思われない）現在において、太陽は銀河系の中心から3万光年離れた銀河系の螺旋部分の端の近くにある。そして銀河系の一般的な回転と軌を一にしている。

月

　地球の衛星である。インド占星術において最高の重要性をもつ。グラハの内で最も動きが早く、通常は獣帯に沿って、西から東に動く。それは比較的小さい大きさであり、その直径は約3476kmである。地球からの平均の距離は約38万4400km（約23万9000マイル）である。月は地球に向けていつも同じ顔を向けている。これは月の軌道（27.32日）において地球の周りを一度回転するので、その軸で1回同時に回転するということである。軸の回りの

回転は同じ動きなので、軌道内の動きであろうとなかろうと、月の相互の表面の余った切れ端部分を時々見ることができる。月の全表面の59％は、ごくたまに地球上で見ることができる。月の輝きは、太陽からの光によっている。この現象は解放運動と呼ばれる。月の位相を生み出すのは、太陽と月のいろいろな相対的位置によるものである。ティティのように早くから検討されている月の位相は、インド占星術において非常に重要である。

火星

　火星は最初の外惑星であり、太陽からの距離では４番目の惑星で（他は水星、金星、地球である）、その軌道はかなり楕円形を描いている（地球の円軌道により近いものと比較するならば）。その結果、地球から最も遠い距離は１億kmに達する一方で、地球への最も近い位置ではその距離は約5600万kmにある。即ち、空における火星の輝きは軌道の位置次第で変わってくるのである。火星は月の２倍の大きさがあり、直径は6786km、太陽からの平均距離は２億2780万kmにある。火星の会合期間は、火星と太陽の間の対向間に地球を挟んで正反対の距離で780日である。火星は1026日で自身の軸を一周する。その軌道を一周する期間（恒星の回転期間）は687日（1.881年）である。火星はフォボスとダイモスと呼ばれる２つの小さな衛星をもつ。

水星

　水星は太陽にもっとも近い惑星であるため、水星の表面温度は極端に熱いものになる。水星は非常に奇妙な天体で、太陽からの最短距離は最長距離とそう変わらない。惑星は近日点で最大のスピードをもち、遠日点で最小のスピードになる。太陽からの平均距離は、おおよそ5800万kmである。直径は4870kmであり、その軌道は黄道の１つの側から最大限約７度の傾きがある。水星は58.65日でその軌道の周りを１回転する。厳密に言えば、地球の約88

日の軌道期間の3分の2である。

木星

　木星は、太陽系の中で最も大きな惑星である。その最大幅は他のすべての惑星を結びつけた距離を上回る。自転周期は速く（9時間50分に1回）、赤道で膨張（直径は14万3000km）し、極で平らになる（直径は約13万3000km）であることが原因である。これは地球の318倍になるが、太陽の1000分の1である。太陽からの平均的な距離は7億7800万kmで、地球年では11.86年の軌道距離である。太陽から離れているので、木星は氷点下140度の気温のガス状の雲をもつ冷たい惑星である。木星の回りをめぐるいくつかの衛星がある（多分多くても16個まで）。

金星

　金星は、2番目に太陽に近い惑星である。その濃い雲の空気は、極端に効率的に光を反射し、この惑星の輝きの原因となる。その軌道の最大の傾きは、黄道の片側で約3度24分である。1億800万kmの平均距離に位置し、約1万2000kmの直径をもつ。

　金星の自転周期は242.6日である。金星の自転で重要なのは、逆行していることである。即ち、太陽系の回転の一般的な方向と反対である。金星の公転周期は224.7日である。

土星

　裸眼で見られる最後の惑星である。太陽からの平均距離は14億2600万kmである。その自転周期は約10時間14分であり、公転周期は29.46年である。

土星は赤道で12万kmの直径をもつ。土星は太陽からはるか遠くに離れているので、冷たい惑星であるが、他の惑星より（木星を除いて）大きい。地球の大きさの約95倍である。その性質の特徴は、周りのリングの存在である。少なくとも25の衛星が惑星の周りに存在していることが知られている。

　外惑星（天王星、海王星、冥王星）は、確認に望遠鏡の助けを必要とする。それらはインド占星術の予測には使用されない。それゆえ、ここで扱うことはしない。

4

ヴェーディックの
教育指導方法　説明

千の光線を有し、
百重に回転しながら、
この太陽は生きるものの息として昇る。

「プラシュナ・ウパニシャッド第1章8」ウパニシャッド（湯田豊訳大東出版社）より

　古代のインド人の教授方法は、教師から弟子への個人的な指導によっていた。グルと呼ばれる教師は、一般的に都市の生活から離れて隠遁生活を送っていて、シシャヤと呼ぶ選ばれた弟子の集団をもつ。もし弟子がよきグルを得るために努力するならば、シシャヤのよい財産となるだろう。同様に、偉大なグルはよい弟子を探し出す努力をしなければならない。教師と弟子の間には、弟子が両親に対して抱くような、弟子からの尊敬を導くような高い信頼関係があった。
　インドの古代の歴史的記録はプラナス※1においてその場所を見つける。これらのプラナスにおいて、知識を求めるより多くの人に対して高潔な聖人によって一般的に語られた物語がある。プラナス、即ちシュリヴィシュヌプラナと呼ばれる最も早期のものにおいて、聖パラーシャラと彼の尊敬すべき

※1　サンスクリット語で「古代」の意味。ヒンドゥー教の聖典の1つである

弟子マイトレーヤとの間の会話がある。弟子は創造の方法や創造と滅亡のサイクルと、これらの背後にある原因を教師から知ることを望む。聖パラーシャラはヴェーダやいくつかのプラナスと同様にマハーバーラタの編集者である聖ヴィシャーサの父親でもあった。マハーバーラタの成立は、紀元前3102年にあたるカリ時代の初めと一致する。言い換えると、パラーシャラとマイトレーヤの間の対話は5000年以上にわたってそのまま続いている。

　彼らは、聖パラーシャラは簡潔に太陽神、ナクシャトラ、獣帯について関心をもって述べている。これはヴィシュヌプラーナの第8章詩編2に記されている。ヴェーダ学者がもっている知識の深さ、そして彼らの簡潔で明快な指導方法を示すために、著者のコメントを添えて、ここに提示している。すべての討議は理解するのに難しすぎないという理由で、トロピカル或いはサヤナ獣帯であって、サイデリアル或いはニラヤナ獣帯ではないことがここで明確にされている。

 ## 詩編（スローカ）11

　太陽神は昼と夜の出来事の根幹である。解脱したヨーギにとって、より高い領域へのチャネルである。

【コメント】地球の回転或いは地球をめぐる天空を横切る太陽の目に見える動きが昼と夜を形成する。詩編の第2部は、高揚し解放された魂は高い領域に達するため太陽の道を辿るというギータの教えを確認する。宗教哲学の味わいを通してほのかな真実を描くことが典型的なインドの教育方法である。

 ## 詩編（スローカ）12

　おー、マイトレーヤよ、太陽神は真昼に天頂のすべての領域にあ

り、真夜中には反対の領域にある。

【コメント】どんな場所でも天頂は真昼の太陽と交差する子午線である。正確に反対に位置している場所にとっては、同じ位置は真夜中で起こる。太陽が天頂にある時、特定の場所にとっては天頂、正確に反対に位置する場所にとっては天底である等々。ホロスコープにおいて、天頂は第10室を表示し、天底は第4室を表す。

 ## 詩編（スローカ）13-14

　　同様のやり方で、日昇と日没はお互いに反対にある。おー、ブラーミンよ、すべての方向と角度の居住者は、夜の最後で太陽を見、それを日昇と呼ぶ。そして昼の最後にそれを見る者は、太陽が消失する所を日没と呼ぶ。

【コメント】天頂と天底は反対の位置である。だから日昇と日没も反対である。日昇と日没は違う場所で異なっている。太陽の出現、消失と思われることを便宜上記述するために、異なる人々によって用いられる用語である。ホロスコープにおいて星座の上昇は第1室と一致し、日没は第7室と一致する。

詩編（スローカ）15

　　その位置に固定化されて、太陽神は実際に日昇もしていないし日没もしない。その映像に対する出現と消失だけが日昇日没として名づけられている。

【コメント】聖者は地球と比較した時、太陽の相対的に固定化された位置を

明らかにする。太陽はそれがあるところに留まり、日昇あるいは日没と見えることは主要な太陽の機能ではない。それは定期的な間隔で太陽を出現させたり消失させたりする地球の回転である。

詩編 18

太陽の日昇と日没は東と西の方向に応じている。実際には、南北同様東西にも太陽は日を照らしている。

【コメント】東と西の方向は明らかに太陽の日昇日没の方向である。しかし太陽自身の役割として、太陽はすべての領域を等しく照らす時、このこととは何の関係もない。北、南、東、西の方向は地球の回転の結果である。

詩編 26

即ち、プシュカラドゥィーパ[※2]の真ん中に達した後で、太陽は地球のまわりの目に見える30の部分に横切る。その動きは、１つのムフルタと考えられる。

【コメント】ムフルタは時間の単位である。それは60ガティ或いは24時間である１昼夜の期間の30分の１に等しい。１つのムフルタは２ガディ或いは48分に等しい。

※2　古代インドの地理的概念。プシュカラと名付けられた鳥の名前。太陽の日昇が始まる地点

詩編 27

　お～ドゥイジャよ、ろくろの周りを回転する人のように、この太陽は昼夜で地球の30の部分（獣帯の30の部分）を横切る。

【コメント】上記でコメントしたように、ムフルタは時間の単位であり獣帯の弧ではない。他の惑星同様に、太陽の動きは同じではなく線形でもないので、太陽はムフルタにおいて獣帯の30分の1を等しく横切る必要はない。しかし、昼夜の間中は、太陽は地球を1回まわる。即ち、これらは一昼夜の範囲で30ムフルタである。

詩編 28

　お～ドゥイジャよ、ウッタラヤーナの始めに、太陽は、まず、マカララーシ（山羊座）を通る。その後はクンバ（水瓶座）そしてミーナ（魚座）を通る。1つの星座を通過して別の星座に行く。

【コメント】ウッタラヤーナは太陽の北側の通路である。それは太陽が最大南の赤緯23度28分に達した時、12月22日あたりで山羊座に入る時から始まる。北半球が最も短い日であり同時に夜が最も長い日である。太陽は次に水瓶座と魚座を通り過ぎる。

詩編 29

　これらの3つの星座を満喫した後で、太陽は昼夜が等しくなり安定したペース配分に戻っていく。

【コメント】即ち、太陽が牡羊座に入る時に安定したバランスを形成する。これは昼夜が等しくなる３月21日あたりで太陽は０度の傾きになる時に起こる。一般的な議論では、惑星は男性と考えられる。それらの星座を通しての通り道は一般的に女性と考えられる。これらの星座を満喫したり楽しんだりする行為として考えられる。

詩編 30-31

　その後は、夜は次第に短くなり、昼は長くなる。ミトゥナラーシ（双子座）を去り（その後で、メーシャ、ヴゥリシャを横切った後、つまり牡羊座、牡牛座）、ウッタラヤーナの南中に最後に着いた後で、カルカ（蟹座）にたどり着く。そしてダクシナヤーナ※3が始まる。

【コメント】メーシャの０度は春分点である。それゆえ、太陽は北半球が最も昼が長く夜が短い蟹座の始めの23度28分の最大の北の赤緯に達するまで、牡牛座、双子座を通して北側のコースに続く。その後、太陽はダクシナヤナ或いは南のコースを辿りはじめる。

詩編 32-33

　ろくろの輪の回りに座っている時は非常に早く動くように、太陽がより速いペースでダクシナヤナを横切る。すなわち、太陽はあたかも速い風力によって動くかのごとく短い時間の間に、速いペースで高位の道を横切る。

【コメント】太陽の通り道には12星座がある。聖仙はここで太陽が最も早

※3　太陽が天球の南を通過する夏至と冬至の間の６か月をいう

いペースで昼を横切るダクシナヤナヤ或いは冬至の日を指摘する。これはダクシナヤナの終り或いはウッタラヤナの始めに、即ち昼が短く夜が長い北半球で実現する。これがさらに次の詩編で説明される。

詩編 34

　お〜ドゥイジャよ、ダクシナヤナの期間において昼間の速いペースのために、太陽は12のムフルタにおいて13と半分のナクシャトラを横切る。しかし夜間は遅いペースなので、太陽は18ムフルタにおいて多くのナクシャトラを横切る。

【コメント】次の事実が詩編から現れる。
1．ここで意味するのはダクシナヤナの最後の日である。
2．太陽は昼の間に獣帯の半分（13と半分のナクシャトラ、6つのラーシ或いは星座と等しい）と夜の間に残りの半分を横切る。
3．ダクシヤナヤの最後で、昼は最も短く夜は最も長くなるので、昼の間に地平線上に現れる獣帯の6つの星座は次々により速いペースで現れる。
4．ダクシナヤナの最後に或いはウッタラヤナの始めに、太陽は山羊座に侵入するのと一致するので、山羊座（それはダクシナヤナからウッタラヤナへ移動する時の日の出に現れる）から始まる6つの星座は、残りの6つの星座（蟹座から先に）がより長くなる一方で、より短くなる。
　　カルカ（蟹座）からダヌー（射手座）は長い上昇の星座であり、一方マカラ（山羊座）からミトゥーナ（魚座）は短い上昇の星座である。冬至の時、長い上昇星座は夜の間に昇り短い上昇星座は昼の間に昇る。
5．前述の2つの詩編は北半球に適用する。逆は南半球に適用される。即ち南半球において、蟹座から射手座の星座は短い上昇の星座であり、一方、山羊座から双子座は長い上昇の星座である。
　　北半球の最も長い日は南半球の最も短い日と一致する。或いは北半球の最も長い夜は南半球の最も短い夜と一致する。

6．聖仙は昼の期間が12ムフルタ（9時間36分）まで達する北インドの
　　ある地帯において隠遁生活を過ごした。そして夜の期間は18ムフルタ
　　（14時間24分）までダクシナヤナで隠遁生活に入る。

 詩編 35

　太陽はろくろの輪の真ん中の部分に置かれたもののようにウッタ
ラヤナの時より遅いペースで動く。

【コメント】引き続く詩編で明らかなように、ウッタラヤナの最後はここで
　　意味する夏至である。

 詩編 36-38

　それゆえ、この時に太陽は非常に長い時間で地球のより小さな周
囲を横切る。その結果、ウッタラヤナの最後の日は18ムフルタの
間にある。この日も太陽はゆっくりしたペースで動き、13と半分の
ナクシャトラを横切る。それは1日の時間の獣帯の半分を構成する。
しかしながら、夜の12においてナクシャトラと同じムフルタの数を
横切る。

【コメント】ウッタラヤナの最後の日は、ダクシナヤナの最初の日である。
　　長い上昇の星座（蟹座から射手座へ）は短い上昇の星座（山羊座から双
　　子座へ）が夜の間中に上昇するのに対して、昼の間に上昇する。

 詩編 39-40

　輪の内側が輪の中央部分（中央部分や外周と比べると）のゆっくりした回転に伴って遅いペースで回転するように、ジョーティシャチャクラの中央に位置する、ドゥルヴァ（北極星）は非常にゆっくりしたペースで回転する。マイトレーヤよ、ろくろの輪の中央の軸は自転するように、ドゥルヴァも同様のやり方で自転する。

【コメント】北極星（恒星のためにプラナスにおいてドゥルヴァと呼ばれる）は天の北極の実際の位置に近い。それは実際の北極と約１度離れている。北極星は巨大な天の輪の内側と考えられている。無数の目に見えない輪止めは、すべてその周りを回転する無数の星と惑星を個別に引き寄せるために先行して発生したものと思われる。即ち、いろいろの天体は北極星と同様にお互いに相対的な角度のある関係を保っている。

 詩編 41

　北側と南側の極の間で円の形で回転しながら、太陽の速度は昼と夜の間で緩慢に変化する。

【コメント】これは以前に行われたコメントを考慮すると自明である。

 詩編 42

　どちらのアヤナにおいても、太陽のペースは昼の間はゆっくりしていて、夜においては速く、夜のペースが速い時はいつでも、その昼のペースは遅い。

【コメント】同じことは２つの方法で言える。上記の観察の逆も同様である。

◉ 詩編 43-45

　お〜ドゥイジャよ、太陽はいつも同じ距離を横切る。昼夜の長さにおいて、太陽はすべての12星座を経験する。太陽は昼の間中は６つの星座の進路を楽しみ、夜も６つの星座を楽しむ。日の長さの変化は星座の幅による。夜の間の変化も星座の幅次第である。

【コメント】太陽は、昼間は13と半分のナクシャトラと夜も同様にそれらの数のナクシャトラを通る。これは、昼間は６つの星座を、そして夜中は６つの星座を通ることを意味する。このことはすでに説明している。
　昼夜の範囲でこれらの星座を通るのは太陽ではないことが強調されなければならない。24時間の間に東の地平線で連続して昇るのが12星座である。太陽だけが地球の周りを動いているように思われる。しかしながら、ホロスコープにおいて太陽は昼間に６つの星座が上昇するのでチャートの６つの星座を通り過ぎる。同様に、夜中に他の６つの星座が上昇するのでホロスコープチャートの６つのハウスを通過する。即ち、ホロスコープにおける太陽の位置はホロスコープが読む日の時間を示す。長い上昇星座が昼間に昇る時、昼はより長く夜はより短い。短い上昇の星座が上昇する時、昼は短く夜は長い。

◉ 詩編 46-47

　昼夜の長さと短さは星座が通る道順次第である。ウッタラヤーナ（の終り）において、太陽のペースは、夜中は速いが、昼間は遅い。ダクシナヤーナ（の最後）の間は逆のことが言える。

【コメント】逆のことが南緯の場合には当てはまる。同じ概念のくり返しは、それに引き継がれた意味を強調する。

 ## 詩編 68

　太陽の蟹座への参入はダクシナヤーナと呼ばれる。太陽の山羊座への参入はウッタラヤーナを示す。

【コメント】一目瞭然である。

 ## 詩編 69

　ブラーミンよ！　昼夜は私がすでに述べた30のムフルタからなる昼夜は、15の昼夜でパクシャを構成する。

【コメント】月のサイクルの半分、即ち新月から満月、或いは満月から新月はパクシャと呼ばれる。満月から新月の間はクリシュナパクシャ（黒分）であり、新月から満月の間はシュクラパクシャ（白分）である。

 ## 詩編 70

　１か月に２つのパクシャがある。２つの太陽月は１リツを作り、３リツは１アヤナを作る。そして２アヤナは１ヴァルシャ（年）を生じる。

【コメント】リツは季節を意味する。それぞれ２か月の６リツがある。それ

らは以下の表のとおりである。

表4-1｜12星座の名前、支配星、獣帯の範囲など

リツの名前 或いは季節	おおよその期間		サカエラ（国家の カレンダー）の同値の月	リツの惑星の 支配星
	始め	終り		
1　ヴァサンタ	3月21日	5月20日	チャイトラ-ヴァイシャカ	金星
2　グリシュマ	5月21日	7月20日	ジェイスター-アーシャダー	火星/土星
3　ヴァルシャ	7月21日	9月21日	シュラヴァナ-パードラパダ	月
4　シャラド	9月22日	11月20日	アシュヴィニー-クリティカー	水星
5　ヘマンタ	11月21日	1月20日	ムリガシラ-プシャー	木星
6　シシラ	1月21日	3月20日	マガー-パールグニー	土星

　1つのアヤナは太陽の北側の道（ウッタラヤーナ）或いは南側の道の6か月の期間よりなる。2つのアヤナムシャ或いは6か月で1年となる。太陽のウッタラヤーナはおおよそ3リツ、シシラ、ヴァサンタ、グリシュマと一致する。ダクシナヤーナの位相（同様に）は残りの3リツ、即ち、ヴァルシャ、シャラド、ヘマンタと一致する。

◉ 詩編 71

　毎月の4つのタイプの基礎としてさまざまに働く5つのタイプのヴァルシャ（年）は"ユガ"と呼ばれる。このユガは、すべての時の決定の基礎（閏年等）である。

【コメント】この5年の周期或いはユガの概念はすでに述べたが、ここでのユガとは異なる。1年は366日からなる。ユガ或いは5年間は即ち1830日である。この期間の間中、61サヴァナ（暦日）月はそれぞれ30日である。太陽月は30日と2分の1暦日を含む。また、2つの閏月ついて考慮するこの期間は、（約）62太陰月（朔望月）である。

4つのタイプの月は、

1．サウラ　1年の太陽の回転を基礎に置く。1獣帯を通しての太陽の滞在はこのような月を構成する。

2．サヴァナ　30サヴァナ（暦日）を構成しながら、1サヴァナ日は日の出から次の日の出までの時の期間である。

3．ルナー　新月から次の新月までの期間。

4．ナクシャトラ或いはサイデリアル　星の上昇から次の上昇までに等しいサイデリアル日に基礎を置く。

詩編 72

　　これら（ヴァルシャス或いは数年）の最初はサムヴァトサラ、2番目はパリヴァトサラ、3番目はイドヴァトサラ、4番目はアヌヴァトサラ、そして5番目はヴァトサラと呼ばれる。この（全体）の（5年の）期間はユガとして知れられている。

【コメント】ナラダサンヒターによれば、5年はユガとなる。1ユガからなる5年の支配神はそれぞれ個別にアグニ（火）、スーリア（太陽）、チャンドラ（月）、ブラーマとシヴァである。それから12ユガがある（60年周期となる）。

　60年周期は、ジュビタリアンサイクル或いは木星周期と呼ばれる。それらの計算の異なる方式が南北のインドにおいて生じている。北インドにおいて、木星周期はクンバ（水瓶座）から始まる異なる星座への平均的な動きによる木星の参入によって決定される。南インドにおいて木星年は、4月13日或いは14日（サイデリアルの獣帯の牡羊座への太陽の参入）から始まる。どちらの場合においても、60年の周期は同じであり、最初の1年としてプラバーヴァを考える。

　以下が木星年のリストである。南インドの使用によれば、西暦と同じ年である。ここでの西暦は1951年から2010年である。

1	プラバーヴァ	1987	31	ヘマランバ	1957
2	ヴィバーヴァ	1988	32	ヴィラムバ	1958
3	シュクラ	1989	33	ヴィカリ	1959
4	プラモダ	1990	34	シャルヴァリ	1960
5	プラジャパティ	1991	35	プラヴァ	1961
6	アンギラス	1992	36	シュバカルタリ	1962
7	シュリムカ	1993	37	ショバクリタ	1963
8	バーヴァ	1994	38	クロディ	1964
9	ユヴァン	1995	39	ヴィシュヴァヴァス	1965
10	ダータ	1996	40	パラバーヴァ	1966
11	イシャーナ	1997	41	プラヴァンガ	1967
12	バフダーニャ	1998	42	キラカ	1968
13	プラマティ	1999	43	サウミャ	1969
14	ヴィクラマ	2000	44	サダルナ	1970
15	ブリシャ	2001	45	ヴィロダクリット	1971
16	チトラバヌ	2002	46	パリダヴィ	1972
17	スバヌ	2003	47	プラマディ	1973
18	タラーナ	2004	48	アナンダ	1974
19	パルティヴァ	2005	49	ラクシャサ	1975
20	アヴァヴァ	2006	50	ナラ	1976
21	サルヴァジット	2007	51	ピンガラ	1977
22	サルヴァダリ	2008	52	カリャナクリト	1978
23	ヴィロディ	2009	53	シッダルタ	1979
24	ヴィクリタ	2010	54	ラウドラ	1980
25	カーラ	1951	55	ダルマティ	1981
26	ナンダナ	1952	56	ドゥンドゥビ	1982
27	ヴィジャヤ	1953	57	ルディロドガリ	1983
28	ジャヤ	1954	58	ラクタクシ	1984
29	マンマータ	1955	59	クロダナ	1985
30	ドゥルムカ	1956	60	クシャヤクリト	1986

詩編 76-79

　ムーニよ！　太陽がクリティカナクシャトラの最初の部分（牡羊座の最後の部分に相当する）にあり、そして月が明らかにヴィシャカの4分の4の部分（蠍座の始め）にある時、或いは太陽がヴィシャカナクシャトラの4分の3（天秤座の最後の部分に相当する）にあり、そして月がクリティカの最初の部分（牡羊座の最後）にある時、ヴィシュヴァ（或いは昼夜平分時）と呼ばれる最も聖なる瞬間が起こる。この時がデーヴァ、ブラーミン、そしてピトラ（マヌ）に関して、奉納をするのにふさわしい。この時、デーヴァはあたかも彼らの口を開いて貢物を受けるかのごとくである。ヴィシュヴァの時に慈悲を与える人は願望を満たす。

【コメント】ヴィシュヌプラーナのテキストが書物として書かれた時は、ここに手掛かりがある。それ以前は、そのようなテキストは個人の記憶を通して世代から世代へと伝えられた。
　上記の詩編において、2つの昼夜平分時の太陽のニラヤナ或いはサイデリアルの位置が述べられた。春分点の場合、太陽は牡羊座26°40′から30°に相当するクリティカーナクシャトラの最初の部分として述べた。1994年の最後で23°27′26″のアヤナムシャを加える時、50°27′26″から53°47′26″へ太陽のサヤナ或いはトロピカルの位置を得る。ご存じのとおり、春分点は牡羊座の0で起こる。即ち、この牡羊座の第一地点はヴィシュヌプラーナが現在の形に編集されて以来、50°27′26″から53°47′26″の間のどこかに後退した。昼夜平分点（近似で7163年で1度）の年間の後退或いは歳差運動として50°26″の平均数値となることを考えると、上記歳差運動の幅はおおよそ3614年から3852年（約紀元前1858年から1620年）となる。
　パラーシャラが5000年以前に起こったカリユガの始めの時のマハーバラータ戦争に遡って以来、明らかにこのプラーナは口頭で、世代から

次の世代へと伝えられた。それが現実に書かれた形になった時、春分点は上記で述べられた太陽のサイデリアルの位置で起こったに違いない。秋分点は太陽が天秤座26° 40′ から30°に至った時に起こる。これは再び同じ数値でくり返される。

　5000年前に始まったカリユガの始まりを意味するカリの時代は、476年に生まれたアリャバータによって主張された。1976年に彼の1500年の記念日が祝われた。

　彼はこう言う。

　3つのクオーターユガ（クリタ、トレタそしてドヴァパラ）が経過し、3600年（4番目、即ちカリユガ）が過ぎた。それから23年が私の誕生後に過ぎた。

　彼の出生に23年を加えた時、499年になる。もしその時のカリユガから西暦499年を引くならば、3101年の数値（3600引く499）になる。カリの時代の始まりは紀元前3102年と一致することが知られている。

5

星座、ハウス、惑星について

この者は男でもなければ女でもない。

両性を備えている者でもない。

どのような身体をそれが帯びようと。

それは身体と結びつけられる。

「シュヴェタシューヴァタラ・ウパニシャッド第5章10」
ウパニシャッド（湯田豊訳　大東出版社）より

　すでに獣帯の12星座がある。星座の1つはたまたま出生の瞬間に東の地平線を上昇する星座であることから始まる。上昇する星座はラグナあるいはアセンダントと呼ばれる。ラグナはホロスコープの第1室となる。これによって、ハウスと星座は一致することを意味する。第1室は誕生の上昇宮の表示である。第2室は続いて上昇する星座の表示である。

　9つの惑星（太陽からケートゥまで）は、これらのハウスの居住者である。ハウスは特定の性質を象徴する。これらのハウスにある星座も特定の性質を表す。そして2つがより新しいものを示すべく混じり合う。その時、ハウスに居住する惑星はさらなる新しい修飾を加えられる。

　何らかの実りある予言ができるようになるためには、星座、ハウス、惑星の意味を理解することが不可欠である。これについては後述する。

ホロスコープチャート

さらに先に進む前に、ホロスコープチャートがどのようなものであるかを知ることが重要である。

北インド式

A 北インド式チャートはハウスの順序が固定されているチャートである。それは4つの中央の菱形のハウス（上下中央の菱形から始まり1室、4室、7室、10室と数える）と8つの三角形のハウスからなる。出生時間の上昇星座は第1室或いは上方中央の菱形に印がつけられ、残りの星座は反時計回りに規則正しく順序で印をつけられる。

B 南インド式チャートは固定された星座をチャートにもつ。ラグナは適切な星座に印をつけられる。残りのハウスは時計回りの進め方で順序づけていく。

南インド式

C 東インド式チャートはしばしばベンガル州とオリッサ州で用いられ、固定された順序の星座をチャートにもつ。アセンダントは適切な印をつけられる。残りのハウスは反時計回りの方向に数えられる。

東インド式

どんなホロスコープチャートのタイプを選ぼうとも、惑星は天文学的に配置されている星座をもつハウスに置かれる。

ラグナと惑星の位置から作成されるプロセスは第8章と第9章で取り扱う。

◉ 星座（ラーシ）

獣帯の星座はここで述べるような固有の特徴をもつ。

1. 外観と居住地

　獣帯の12星座はそれぞれ固有の外観と住居をもっている。これはヴァマナプラーナにおいて述べられているように、聖者プラスタヤと聖者ナラダとの間の会話が何度もくり返されることによってもっともよく記述されている。プラスタヤはナラダに、「聖ナラダ」と言いながらこう述べた。
「今、私はこれらいろいろな星座がどのようなものであるかを、そしてどのように住んでいるかをあなたに話す」

　メーシャ（牡羊座）は羊に似ている。それは富と宝石を所有しながら羊と山羊の周りを回る。それは草地と植物に囲まれた湖の周りをさまよう。

　ヴリシャ（牡牛座）は牛に似ている。牛小屋と農地が住まいである。

　ミトゥナ（双子座）はトランペットやハープを所有する男女は、彼らの住まいが小屋やラウンジであることを表す。それは歌手やダンサーや彫刻家の周りをまわる。この柔軟星座はスポーツ愛好者ややすらぎの家にずっと居続ける。

　カルカ（蟹座）は蟹の外観をもち水の中に住む。その住居は水で満たされた苗床、河岸、誰も住まない土地を含む。

　シンハ（獅子座）（ライオンに似ている）は山、森、洞窟、行きにくい場所、深い溝、狩猟者の居間に住む。

カーニャ（乙女座）（女性を構成する）船の中に立ち、トウモロコシをもち、手にランプをもちながら、女性が好むような部屋に住む。

ナラダよ！トゥーラ（天秤座）は手に天秤計りをもつ人によって代表される。その住まいは小道、市場、町、通路と建物を含む。

ヴリシュカ（蠍座）は外観において蠍と似ている。それは地面の割れ目と大きな穴の中で動く。その住居の領域は魚、動物の分泌物、石と昆虫を含む。

ダヌー（射手座）に関しては、脚は馬のようである。それは光を発し弓と矢をもつ。乗馬や武器の扱いに熟達し、大胆で勇敢な行動をする。それは象や戦車等の中に居続ける。

ブラーミンよ、マカラ（山羊座）の口は鹿のようであり、肩は牛のようであり、目は象のようである。それは川を移動し太洋に住む。

お〜、ブラーミンよ、クンバ（水瓶座）は濡れた着物を着てからの水差しを肩にもっている人に似ている。それは博打場を移動し飲み屋の隠れ家に住む。

ミーナ（魚座）のサインは対になっている2匹の魚から構成されている。一方が頭に他が尾のそばにある。それは巡礼や大洋の場所を回る。それは信仰深い場所、神の寺院、ブラーミンの家をめぐっている。

2. 人体部位

メーシャからそれぞれの星座に進んで、(1)頭、(2)顔、(3)肩、(4)胸、(5)心臓と胃、(6)腹部、(7)下腹部と股間、(8)外部生殖器、(9)太腿、(10)膝、(11)ふくらはぎ、(12)足首、を表す。

3. 身長

　低い身長に関しては、牡羊座から先に進んで、牡牛座、水瓶座、魚座（すなわち１、２、11、そして12）の各星座である。

　高い身長に関しては、獅子座、乙女座、天秤座、そして蠍座（すなわち、５、６、７、そして８）の各星座である。

　中位の身長に関しては、双子座、蟹座、射手座、山羊座（すなわち３、４、９、そして10）の各星座である。

4. 日中の強さ

　夜中に強い星座は、牡羊座、牡牛座、双子座、蟹座、射手座、そして山羊座である。双子座を除いて、後足から上昇する（プリシュトダヤ）。昼間に強いサインは、獅子座、乙女座、天秤座、蠍座、水瓶座、そして魚座である。魚座を除いて、頭から上昇する（シィーアショダヤ）。

　双子座も頭から上昇する。魚座は頭と尻尾（ウバヨダヤ）の両方から上昇する。

5. 凶星/男性

　奇数星座、即ち１、３、５、７、９　そして11の星座である。

6. 吉星/女性

　偶数星座、即ち２、４、６、８、10、そして12の星座である。

7. 活動或いはその他

　星座１、４、７、そして10は活動星座である。それらは変化や機動性を示す。

　星座２、５、８、そして11は固着星座である。それらは安定性や定着性を示す。

　星座３、６、９、そして12は柔軟星座である。それらは活動星座と固着星座の中間を示す。

8. 方向

東　星座1、5、9
南　星座2、6、10
西　星座3、7、11
北　星座4、8、12

9. 固有の性質

火　星座1、5、9
地　星座2、6、10
風　星座3、7、11
水　星座4、8、12

10. 生物学的性質

四肢動物　　　星座1、2、5、星座9の後半部分、星座10の前半部分
二足動物　　　星座3、6、7、11、星座9の前半部分
昆虫　　　　　星座4　と　8
水棲生物　　　星座12、星座10の後半部分

11. 構成要素の性質

鉱物（ダートゥ）星座　1、4、7、10
野菜（ムーラ）　星座　2、5、8、11
動物（ジーヴァ）星座　3、6、9．12

12. カースト

クシャトリア　星座1、5、9
ヴァイシャ　　星座2、6、10
シュードラ　　星座3、7、11
ブラーミン　　星座4、8、12

13. 支配星

　12星座については、牡羊座から始まり、支配星は個別に火星、金星、水星、月、太陽、水星、金星、火星、木星、土星、土星、木星である。

 ハウス

　ホロスコープは、すべての考えられ得る人生の側面を取り扱っている。すべてのハウスの中で最も重要なのは、ラグナハウス或いは第1室である。残りのハウスは、基本的に第1室とだけ関連する。ホロスコープにおける惑星はラグナに従う。そしてそれらの本来の性質はラグナに応じて修正される。

1．ケンドラハウス（クワドラント：四分円）は第1、4、7、10室であり、これらは非常に重要なハウスである。

2．パナパラハウス（サクシーデント）は第2、5、8、11室である。

3．アポークリマハウス（ケーデント）は第3、6、9、12室である。

4．トリコーナハウス（トライン）は第1、5、9室である。これらのハウスは非常に幸運をもたらす。ケンドラとともにあると、健康、財、地位、名誉、出世、人徳を決定する。ケンドラでもトリコーナでもあるラグナは非常に重要である。

5．ウパチャヤハウスは第3、6、10、11室である。これらのハウスは戦い、競争、物質的達成を示す。

6．トリカハウスは第6、8そして12室である。これらは悪いハウスと思われる（ドゥシュタナ）。それらは借金、病気、損失、悲惨さを示す。

7．アユースターナ（寿命のハウス）は第8、3室（8室からみて8番目）である。それらは寿命の長さとそれゆえにまた死をも示す。

8．マラカースターナ（殺人者のハウス）は第2室と第7室である。

9．ホロスコープの前半部のハウスと後半部のハウス

(a) ホロスコープの第1室から第7室は目に見えない半分、第7室から

第1室は目に見える半分を示す。

(b) ホロスコープの第10室から第4室は東半分を示し、第4室から第10室は西半分を示す。

12のハウスの各表示体は、別の個所にリストアップした（65頁参照）。

惑星

インド占星術では9つの主要な惑星が用いられる。同義語とシンボルは表5-1に述べられている。

表5-1｜9つの主要な惑星の同義語とシンボル

ヴェーディックの名前	同義語	シンボル
ラヴィ（スーリア）	太陽	☉
チャンドラ	月	☽
マンガラ	火星	♂
ブッダ	水星	☿
グル（ブリアスパティ）	木星	♃
シュクラ	金星	♀
シャーニ	土星	♄
ラーフ	ラーフ（ドラゴンヘッド）	☊
ケートゥ	ケートゥ（ドラゴンテイル）	☋

1. 身体的属性

太陽に特徴のある人は、がっちりした体格で、薄い巻き毛の毛髪、美しい容姿、よい知性、印象的な声、中肉中背、赤い目、暗黒色の顔色、強い骨、気難しい性質、頑固な気性、サフラン色の服。

月に特徴のある人は、スリムだが丸い体をしている、美しい容姿、愛らしい目、やさしい話し方、気紛れで気難しい性質、色白の顔、短い巻き髪、愛

らしい性質、サットヴァ（善良で高貴）な傾向、際立った知恵、不安な気性、過剰な性的衝動、白い服。

　火星に特徴のある人は、鋭い赤い目をしている。短い体躯、強く若々しい肉体、狡猾だが寛大な傾向、短いが輝く巻き髪、勇敢な性質、タマシック（暗く下品）な傾向、熱意のために傷つける、興奮しやすい、気難しい傾向、整った顔立ち。

　水星に特徴のある人は、スリムで美しい体をしている。大きな赤い目、暗く青白い顔立ち、健康な肌、中肉中背、明快でウィットに富んだ話し方、多くの意味を含む表現、ラジャシック（積極的で公平）な傾向、多くのエネルギー、不機嫌、気紛れで気難しい性質、緑の服。

　木星に特徴のある人は、大きな腹と太った体をしている。青白い目、有徳の性質、気難しい傾向、聖典と科学の知識、明黄色の顔立ち、サットヴァな傾向、鋭い知性、宗教的追究の熱意、寛容な性質、黄色の衣服。

　金星に特徴のある人は、暗褐色でハンサムである。均整のとれた四股と暗い巻き髪、詩才ある人、愛らしい性質、長い腕、広い胸、過剰な精液、気難しい気質、ラジャシックな傾向、優雅、活力、知恵と知性、色彩豊かな服。

　土星に特徴のある人は長身で痩せていて弱い体である。青白い顔色、堅い髪と四股、大きな歯、怠惰な性質、気紛れな気質、残酷な性質、タマシックな傾向、足の不自由な、暗いみすぼらしい衣服。

　ラーフとケートゥに特徴のある人は、煙に似た青みがかった顔色をしている。態度が荒々しい、知的な、気紛れな性質。

2. 惑星の支配星

　太陽は獅子座を支配する

　月は蟹座を支配する

　火星は牡羊座と蠍座を支配する

　水星は双子座と乙女座を支配する

　木星は射手座と魚座を支配する

　金星は牡牛座と天秤座を支配する

　土星は山羊座と水瓶座を支配する

3. カースト

ブラーミン 　　　 ： 　　木星、金星

クシャトリア 　　 ： 　　太陽、火星

ヴァイシャ 　　　 ： 　　月、水星

シュードラ 　　　 ： 　　土星

4. 本質的な性質

サットヴァ（善良で高貴な） 　　　 ： 　　太陽、月、木星

ラジャシック（積極的で公平な） 　 ： 　　水星、金星

タマシック（暗く下品な） 　　　　 ： 　　火星、土星

5. カーラプルシャ（擬人化された時間）の見地からの支配星

太陽 　　 ： 　　魂

月 　　　 ： 　　心

火星 　　 ： 　　存在、実体

水星 　　 ： 　　スピーチ

木星 　　 ： 　　知恵と慰め

金星 　　 ： 　　精液

土星 　　 ： 　　悲惨

6. 社会的地位

王 　　　　　 ： 　　太陽、月

軍事指導者 　 ： 　　火星

後継者 　　　 ： 　　水星

大臣 　　　　 ： 　　木星、金星

奴隷 　　　　 ： 　　土星

軍隊 　　　　 ： 　　ラーフ、ケートゥ

7. 性

男性　　：　太陽、火星、木星
女性　　：　月、金星
中性　　：　水星、土星

8. 身体構造上の支配部位

太陽　　：　骨
月　　　：　血液
火星　　：　髄質
水星　　：　皮膚
木星　　：　脂肪
金星　　：　精液
土星　　：　神経

9. 代表的場所

太陽　　：　寺院
月　　　：　水辺
火星　　：　火のある場所
水星　　：　遊び場
木星　　：　宝庫
金星　　：　寝床
土星　　：　穢い場所、廃棄物処理場

10. 方角の強さ

太陽　　：　東
月　　　：　北西
火星　　：　南
水星　　：　北
木星　　：　北東

金星	：	南東
土星	：	西
ラーフ	：	南西

11. 方角の強さ

水星、木星	：	東（ラグナ　或いは第1室）
太陽、火星	：	南（第10室）
月、金星	：	北（第4室）
土星	：	西（第7室）

12. 吉星と凶星

生来的吉星	：	月、水星、木星、金星
生来的凶星	：	太陽、火星、土星、ラーフ、ケートゥ

衰えいく月と傷ついた水星は、凶星としても振る舞う。

13. 高揚、減衰そしてムーラトリコーナ

　惑星が高揚及びムーラトリコーナ星座に位置する時、強く吉星となる。高揚地点から6つの星座或いは180度離れると惑星の減衰地点となる。

表5-2｜惑星の高揚、減衰、ムーラトリコーナ

惑星	高揚	減衰	ムーラトリコーナ
太陽	牡羊座 10°	天秤座 10°	獅子座 0-20°
月	牡牛座 3°	蠍座 3°	牡牛座 4-20°
火星	山羊座 28°	蟹座 28°	牡羊座 0-12°
水星	乙女座 15°	魚座 15°	乙女座 16-20°
木星	蟹座 5°	山羊座 5°	射手座 0-10°
金星	魚座 27°	乙女座 27°	天秤座 0-15°
土星	天秤座 20°	牡羊座 20°	水瓶座 0-20°

14. 惑星の生来的相互関係

　生来的性質によって、惑星は他の惑星に対して友好、敵対、中立として取り扱われる。偉大なるヴァラーハミヒラは惑星の生来的相互関係を決定する時、サッチャチャリャの見解を支持している。この見解によれば惑星の友好は、ムーラトリコーナのサインから2、12、5、9、4、そして8番目のハウスに在住する惑星である。表5-3は上記の見解による生来的惑星の関係を示している。

表5-3 ｜ 生来的相互関係

惑星	友好	敵対	中立
太陽	月、星、木星	金星、土星	水星
月	太陽、水星	—	火星、木星、金星、土星
火星	太陽、月、木星	水星	金星、土星
水星	太陽、金星	月	火星、木星、土星
木星	太陽、月、火星	水星、金星	土星
金星	水星、土星	太陽、月	火星、木星
土星	水星、金星	太陽、月、火星	木星

15. 一時的関係

　お互いの友好、敵対、中立としての生来的配置とは別に、相互の方向でホロスコープチャートの位置により惑星は友好或いは敵対となる。
　一時的友好：特定の惑星からみて、2、12、3、11、4、そして10番目のハウスに位置している惑星
　一時的敵対：なんらかの惑星からみて、1（コンジャンクション）、7（オポジション）、5、9、6、そして8番目のハウスに位置している惑星

16. 関係の5段階

　お互いの永続的及び一時的配置の基礎として、惑星は以下のように5段階関係性をもつ。

	永続的	一時的	総合的関係
1	友好	友好	総合的友好
2	友好	敵対	中立
3	中立	友好	友好
4	中立	敵対	敵対
5	敵対	友好	中立
6	敵対	敵対	総合的敵対

17. アスペクト、コンバスト及び逆行

　惑星は、アスペクトするハウスや惑星に影響を及ぼす。すべての惑星は彼らの位置から7番目のハウスとそこにある惑星に完全にアスペクトする。加えて、外側の惑星（火星、木星、土星）は特別のアスペクトが許されている。即ち、火星は4番目と8番目に、木星は5番目と9番目に、土星は3番目と10番目に完全にアスペクトする。残りの惑星は、3、10のハウスで4分の1、5、9のハウスで2分の1、4、8のハウスで4分の3アスペクトする。

　惑星は太陽に近くなると、その強さや活力を失う傾向がある。それはコンバストと考えられている。コンバストの惑星は良いことをする能力を失い、悪い結果を生み出す。惑星は、その動きが逆の方向に動くように見える時、その間中は「逆行」になる。

　ラーフとケートゥはいつも逆行である一方、太陽と月は逆行にはならない。逆行惑星は予期せぬ結果を生み、一般的には健康にとってよくない。逆行惑星はまたそれが進行するハウスからの影響を受ける。

6

惑星の性質

知識ある人も、

自分の本性(プラクリティ)にふさわしく行動する。

万物はその本性質に従う。

制止して何になろうか。

「バガヴァバッド・ギータ第３章18」(上村勝彦訳　岩波文庫)より

　ホロスコープチャートの分析は、惑星の性質についての十分な理解を必要とする。吉凶が的確に予測できるようになるには、惑星の性質の適切な知識が基礎となる。占星術の予測の側面に足を踏み入れる前に、惑星の吉意と凶意について統合する原則を習得することに一定の時間を費やすことは、占星術の実践家にとって不可避のことである。

　惑星は生来的に吉星か凶星である。或いはホロスコープの上昇星座の性質によって吉星、凶星になる。吉星、凶星の惑星は、それらに対応するダシャーが機能する時、結果が生じる。出来事のタイミングはダシャーにより決まる。

　いろいろな惑星の性質は古典の著者によって述べられている標準的な占星術的な原則の基礎に基づいて決定される。これらの原則は著者による『Essentials of Medical Astrology (仮題：医療占星術の要点、日本語版未刊行)』において詳しく解説されている。次の説明が同じ原則について主にくり返されている。

生来的吉星と生来的凶星

　惑星はその固有の性質に従って、吉星と凶星に分かれる。即ち、木星、金星、光が強くなる月、よい関係をもつ水星が生来的吉星である。同様に、太陽、火星、土星、ラーフ、ケートゥ、光が弱くなる月、傷ついた水星が生来的凶星である。月と水星は生来的に弱い。月は穏やかでやさしい惑星であるけれども、太陽に近すぎると凶星として振る舞う。水星はあまりにも影響を受けやすい。それは吉星の影響の下では吉星として振る舞い、凶星の影響の下では凶星として振る舞う。ラーフやケートゥも木星や水星の星座に置かれると、特に吉星として振る舞う。

 # 異なるラグナにおける吉星と凶星

パラーシャラの原則

　惑星は支配するハウスに従って吉星や凶星として振る舞う。支配ハウスは、ラグナによっていろいろに変化する。要するに、特定のラグナに応じて、ある他の惑星は凶星或いは中立星として振る舞う一方で、ある惑星は吉星として振る舞う。これはすでに述べた惑星の固有の性質からは独立している。即ち、惑星はラグナに従う。この下で論じられた原則の基礎の上に立ち、生来的凶星が吉星の役割を演じる一方で、生来的吉星が凶星の役割を演じる。有名なブリハット・パラーシャラ・ホーラ・シャーストラにおける聖パラーシャラによって書かれた標準的原則は、以下のように述べられている。

原則　パート1

(a) ケンドラ（第1、4、7、そして10室）の支配星としての生来的吉星は恩恵を与える。

(b) ケンドラの支配星としての生来的凶星は凶意の性質を与える。

【注記】
　(i)　生来的吉星は月、水星、木星、金星、生来的凶星は太陽、火星、土星、ラーフ、ケートゥである。
　(ii)　ケンドラの支配星は惑星の性質を中立化する。生来的凶星が害を与える能力を失う一方で生来的吉星は良い結果を与える能力を失う。
　(iii)　ケンドラの在住星だけが吉星を凶星等に変えることはしない。

(c)　トリコーナの支配星（第1、5、9室）は、それらの固有の性質により吉星、凶星であろうとも良い結果を与える。

【注記】
　ラグナの支配星はケンドラでもありトリコーナでもある。それは固有の性質を無視して良い結果を与えるものと思われる。

(d)　第3、6、11室の支配星は常に凶星である。

(e)　第2、12、8室の支配星は中立として振る舞う。それらは関係性と配置に応じた結果を与える。

【注記】
　第2、12、8室の支配星は影響されやすい中立である。

原則　パートⅡ

　ホロスコープにおける12のハウスは上記の4つのグループに分類される。(a)ケンドラ、(b)トリコーナ、(c)3、6、11グループ、(d)2、12、8グループ。いろいろなグループにおける相対的な強さを以下に記す。

(a)　ケンドラの支配星に関して、ラグナロードより第4室の支配星は力強く、第7室の支配星は第4室の支配星より力強い。第10室の支配星は第7室の支配星より力強い。

(b)　トリコーナの支配星に関して、第5室の支配星はラグナロードより力強く、一方で第9室の支配星は第5室の支配星より力強い。

(c)　第3、6、11室のグループに関して、第11室の支配星が第6室の支配星より力強い一方で、第6室の支配星は第3室の支配星よりも力強い。

(d)　第2、6、12室のグループに関して、第8室の支配星が第12室の支配星より力強い一方で第12室の支配星は第2室の支配星よりも力強い。

原則　パートⅢ

　第8室の支配星は上記の中立と思われるが、障害をもたらす特別の傾向をもつ。第8室は障害、妨害、失敗、陰謀、慢性病、死等を表す。次の点について第8室を考慮する時に注意しなければならない。

(a)　第8室は第9室からみて12番目のハウスであり（ハウスの意味の消失を意味する）、それゆえ、その支配星は凶星である。

【注記】
(i)　ラグナからみた12番目のハウスは損失を示す。どんなハウスからでも12番目のハウスはこのハウスの損失を表す。第9室はバーギャ（幸運）、徳、信仰心ある行為、宗教的傾向、父親等を代表するので、それから12番目（即ち第8室）はこれらのすべての喪失を表す。幸運の喪失は最も大きな損失と思われる。
(ii)　第8室の支配星がラグナロードである時、ラグナロードの吉星の性質は変化し、第8室の支配星はもしそれが特に傷ついたり悪い配置にないならば、吉星として振る舞う。

(b)　第8室の支配星はそれが第3室の支配星や第11室の支配星でもある時、凶星となる。

【注記】
(i)　魚座アセンダントにとって、金星は第3室と第8室の支配星であり悪い。
(ii)　乙女座アセンダントにとって、火星は第3室と第8室の支配星でありそれゆえ敵対的である。
(iii)　牡牛座アセンダントにとって、木星は第8室と第11室の支配星でありそれゆえ敵対的である。
(iv)　蠍座アセンダントにとって、水星は第8室と第11室の支配星であり悪い。

(c)　第8室の支配星は、それ自身がトリコーナをもつとき吉星となる。

【注記】
(i)　獅子座と水瓶座アセンダントにとって、木星と水星はそれぞれに第5室と第8室を支配し吉星として振る舞う。
(ii)　双子座アセンダントにとって、土星は第9室支配（トリコーナ）であると同時に第8室支配であるので、無条件に吉星とはならない。バルバラータ・ラトナーカラ[1]によれば、混合した結果を与えるだけである。

※1　ラマルージャによって書かれたと言われているインド占星術の古典

(d) 第8室の支配星の悪い影響は太陽や月には適用されない。

【注記】
　射手座アセンダントにとって月は第8室支配であり、山羊座アセンダントにとって太陽は第8室支配である。聖パラーシャラによれば、太陽と月は第8室支配星によって傷つけられることはない。しかしながら、これは実際の鑑定において、少なくとも医療占星術にとって事実でない可能性がある。

原則　パートIV

(a) 1つの惑星がケンドラとトリコーナを両方支配する時、それは特に有益であり、ラージャヨガカラカと呼ばれる（大きな利益をもたらす）。もしそれがケンドラかトラインにある時さらなる恩恵をもたらす。

【注記】
(i) 蟹座と獅子座アセンダントの火星、山羊座と水瓶座アセンダントの金星、そして牡牛座と天秤座アセンダントの土星はトリコーナとケンドラの支配のため、ヨガカラカとなる。
(ii) 一部の人々は第9、10室の支配（それぞれトリコーナとケンドラである）であるにもかかわらず、牡牛座アセンダントの吉星としての土星の効力を疑っている。これは第9室の支配星が牡牛座のような固着星座である場合、バダーカ（妨害の機能）と考えられるからである。しかしながら、これは我々の意見であり、より真正であるパラーシャラの見解ではない。

(b) ケンドラ支配だけが凶星を吉星に変える。凶星がその凶意を完全にはねのけるには、トリコーナを支配しなければならない。

【注記】
　土星は牡羊座アセンダントから第10室、11室の支配星として、蠍座アセンダントから第3室、4室の支配星として、獅子座アセンダントとして第6室、7室の支配星として、ケンドラ支配するが、それぞれの場合において凶星のままである。

(c) ケンドラ支配星の傷つきが吉星に及ぼす時、月から水星、木星、金星とその影響が順次増加していく。

(d) 満月、水星、木星と金星、この順番で漸次吉星として力強くなっていく。

(e) 光の弱まっていく月、太陽、土星と火星、この順番で漸次凶星としての力が強くなっていく。

原則　パートⅤ（ラージャヨガ）

　ケンドラの支配星がいくつかのやり方でトリコーナの支配星と関わる時、ラージャヨガ（高度に吉星化したコンビネーション）が形成される。ホロスコープにおける吉星のコンビネーションは傷つきを中立化する。そして病気から解放されるのでよい。2つのハウスの支配星の間の関係は次のように成り立つ。

(a)　同じハウスの配置によって（コンジャンクション）

(b)　相互アスペクトによって

(c)　星座交換によって（パルヴァリタナ・ヨガ）

(d)　それらの内の1つが他のハウスにおかれ、この後者の惑星が前者の惑星にアスペクトする。

【注記】
　ケンドラとトリコーナの支配星が上記に述べられた方法の1つによって関係づけられる時、それらはラージャヨガとなる。たとえそれがパパスタナス（敵対星座）の3、6、11ハウスを支配していたとしていたとしてもラージャヨガとなる。

原則　パートⅥ（ラーフとケートゥ）

(a)　ラーフとケートゥはそれらが在住するハウスに応じた結果を示す。そしてそれらに加わる惑星（ハウスの支配星）に応じた結果を示す。

(b)　ラーフとケートゥは以下の状態でヨガカラカ（ラージャヨガを生み出す力がある）になる。

（ⅰ）　それらがケンドラに在住し、トリコーナが加わる時、
　　　　或いは

（ⅱ）　それらがトリコーナに在住し、ケンドラが加わる時

(c)　ラーフは土星のように振る舞い、ケートゥは火星のように振る舞う。

トリカハウスとそれらの支配星

　第6、8、12室はトリカハウスとして知られる。これらのハウスと支配星は、これらのハウスや支配星と関わる惑星も同様によくない結果を生み出す。それらは健康にとって特によくない。これらの中でも、第6室と第6室の支配星は病気や事故を表す。第8室と第8室の支配星は慢性病、不治の病、或いは死を表す。第12室と第12室の支配星は苦痛や入院を表す。これらのハウスや支配星と関わるダシャー期間は病気を決定する際に注意深くみなければならない。

マラカ（死の傷つき）

　マラカは死の原因になると思われる惑星である。第8室が寿命を支配するということはすでに述べた。第8室から第8室（即ち、第3室）は寿命の代替のハウスである。また、特定のハウスから12番目のハウスが、そのハウスの喪失を意味することはすでに述べた。第8室から12番目は第7室である。第3室から12番目は第2室である。すなわち第2室と第7室は寿命の損失のハウスである。これらのハウスはマラカハウスと呼ばれる。

　つまり、①これらのハウスを支配する、②これらのハウスに在住する、③これらのハウスの支配星と関わる惑星、はマラカの役割或いは死の傷つきの役割を演じている。これらの惑星のダシャーやアンタラダシャーは死を引き起こす大きな原因を与える。

　しかしながら、死はこれらの惑星が機能するダシャーやアンタラダシャーの時にいつも起こるわけではないことも記憶する必要がある。これらのダシャー期は通常の環境では健康に障害が出るものである。

　占星術の標準的な原則によれば、チャートを注意深く研究し寿命を算出することが適切である。子供時代の死はバラリシュタのホロスコープを判断することによって排除される。それに従って、寿命の長さはアルパーユ（短命

即ち32歳まで）、マディーヤーユ（普通の寿命、即ち64歳まで）、或いはプールマーユ（長命、即ち100歳まで）として分類される。それは死を引き起こす寿命とマラカノダシャー期の一致である。マラカのダシャー期は健康に気をつけるべき時でもある。

　死のタイミングは第2室や第7室及びそれらの支配星に関わるダシャーやアンタラダシャーの時に必ずしも起こるものではない。上記に述べられたマラカのダシャーが機能しない時でも他の惑星がこの役割を果たすことがある。この関係において、次の要素が重要である。

(a)　第12室の支配星

(b)　第12室の支配星と関わる惑星

(c)　マラカの惑星のダシャー期に機能する第6、8、12室の支配星のアンタラダシャー

(d)　月からみた第2室、第12室の支配星が凶星である時

(e)　土星は潜在的にマラカである惑星と関わる時、最も強力なマラカとなる

(f)　死は時々ホロスコープにおける最悪の凶星のダシャー或いはアンタラダシャーの時に起こる

【注記】

(a)　土星とラーフはもしそれらの惑星のダシャーやアンタラダシャーが寿命の尽きる期間とたまたま一致する時に機能しているならば、無条件に殺人者として振る舞う。

(b)　マラカの惑星はそれに関わる吉星の惑星のダシャーやアンタラダシャーにおいて殺人者とならない。しかしながら、それらは関わりのない凶星のアンタラダシャー期に殺人者となる。

(c)　第2室と第12室の支配星は相互のダシャーとアンタラダシャーの時、強力なマラカとなる。

(d)　同様に、第6室と第8室の支配星は相互のダシャーとアンタラダシャーの時、強力な死の原因となる。

(e)　アセンダントに在住する第8室の支配星のダシャーは重要である。

(f)　もし2人あるいはそれ以上の息子の出生図において同時にラーフダシャー期になるならば、それは出生図の持ち主にとっての死を予知する。これは相互に関係のある者の運命の悪い実例である。

いろいろなラグナにとっての惑星の関係

　前述の原則の上に立って、いろいろなラグナへの惑星の関係を図表で表すことが適切と思われる。

No.	ラグナ	吉星	凶星	マラカ	ヨガカラカ
1	牡羊座	太陽、木星	水星、金星、土星	金星	―

(i)　木星と土星の単独のコンジャンクション（第9室と第10室の支配星）はラージャヨガとならない。

(ii)　木星は悪い関わり方をすると凶星となる。

(iii)　火星はラグナの支配星という理由で吉星として振る舞う傾向がある。

No.	ラグナ	吉星	凶星	マラカ	ヨガカラカ
2	牡牛座	太陽、土星	月、木星、金星	火星（月、木星、金星）	土星

(i)　水星は弱い吉星である。

(ii)　金星でさえも牡牛座アセンダントではよすぎることはない。

No.	ラグナ	吉星	凶星	マラカ	ヨガカラカ
3	双子座	金星	太陽、火星、木星	月	―

(i)　土星（第9室支配星）と木星（第7、10室支配星）のコンビネーションは必ずしもラージャヨガにならない。

(ii)　吉星としての木星は2つのケンドラの支配星である（ラグナを除く）時、ケンドラの支配星の傷つきは特にあり得る。このような傷つきは水星と木星にだけ当てはまる。

(iii)　水星は中立である。土星は吉凶混合した結果をもたらす。

No.	ラグナ	吉星	凶星	マラカ	ヨガカラカ
4	蟹座	月、火星、木星	水星、金星	土星	火星

(i)　太陽はその関わり方次第で吉星としても凶星としても振る舞う。

5	獅子座	太陽、火星、木星	水星、金星、土星	土星	火星

(i)　木星（第5室支配星）と金星（第10室支配）のコンビネーションは
ラージャヨガを作らない。

(ii)　月（第12室支配）は関わり方次第で良い結果を与える。

6	乙女座	水星、金星	月、火星、木星	金星	─

(i)　金星（第9室支配星）と水星（第10室支配星とラグナロード）はラ
ージャヨガを作る。

(ii)　太陽（第12室支配星）はそれとの関係を基礎とした結果をもたらす。

(iii)　ラグナロードとしての水星と第10室の支配星（最も力強いケンドラ）
としての水星は、木星が（第4室支配と第7室支配）2つのケンドラの
支配星の傷に苦しむにも関わらず、一方で良い結果をもたらす。

7	天秤座	水星、土星	太陽、火星、木星	火星	土星

(i)　金星は中立である。

(ii)　水星（第9室支配）と月（第10室支配）のコンビネーションはラー
ジャヨガを生み出す。

8	蠍座	月、木星	水星、金星、土星	金星	─

(i)　火星は中立である（牡牛座ラグナにおける金星）。

(ii)　太陽－月（個別に第10室支配と第9室支配）の関係はラージャヨガ
を生み出す。

9	射手座	太陽、火星	金星	金星、土星	－

(i)　木星は月同様中立である。

(ii)　太陽－水星（第9室と第10室支配）関係はラージャヨガを生み出す。

10	山羊座	水星、金星	月、火星、木星	火星（他の凶星）	金星

(i)　太陽は中立である。

(ii)　土星（第2室支配）自身はそれがラグナの支配星でもある時、マラカではない。

11	水瓶座	金星、土星	月、火星、木星	太陽、火星、木星	金星

(i)　水星は強くも弱くもない、多分凶というより吉である。

12	魚座	月、火星、木星	太陽、水星、金星、土星	水星、土星	－

(i)　火星は第2室の支配（注：乙女座に対する金星）ではあってもマラカではない。

(ii)　火星（第9室支配）と木星（ラグナロード、第10室支配）の関係はラージャヨガを生み出す。

(iii)　これと乙女座アセンダントの場合の木星と水星の役割を比較する。

その他の不吉な要素

　上記の情報は、惑星の性質について決定するのに十分のはずだが、注意を要する他の要素もある。それらについての情報は注意信号を受け、特に不吉な要素については適切な対処方法をとることが重要である。いくつかの不吉な要素を以下に記すが、これらを記述する目的は、相談者に恐怖を与えるこ

とではなく、適切な修正措置をアドバイスすることによって十分に相談者を
助けることにある。

1．**22番目のドレッカナ**：22番目のドレッカナは、正確にはラグナから
　　7番目のハウスにあるドレッカナである。即ちそれは、ラグナハウスと
　　同じ度数の第8室になる。出生図の第8室にある星座のラグナの度数を
　　おいてドレッカナを決定する。ドレッカナチャートでその星座にある星
　　座の支配星と惑星は不吉であり、死と病気の原因となる。ドレッカナチ
　　ャートが読まれる時、このチャートの第8室は22番目のドレッカナで
　　ある。そのハウスにある惑星と同様にハウスの支配星も不吉と見なされ
　　る。

2．**64番目のナヴァムシャ**：22番目のドレッカナがラグナから計算され
　　る一方で、64番目のナヴァムシャは月から計算される。それは正確に
　　は月から7番目のハウスにある。そこから8番目の星座に月の度数を置
　　き、その星座のナヴァムシャを決定する。そのナヴァムシャの支配星が
　　64番目のナヴァムシャの支配星である。そして、ナヴァムシャチャー
　　トにある惑星とともに、凶星として振る舞う。通常のナヴァムシャチャ
　　ートにおいて、月から4番目のハウスの星座はたまたま64番目のナヴ
　　ァムシャの支配星、即ちその協力者としての支配星である。そしてナヴ
　　ァムシャチャートのそのハウスにある惑星は凶星として振る舞う。

3．**サルパドレッカナ**：カルカ（蟹座）の2番目と3番目のドレッカナ、
　　ヴリシュカ（蠍座）の1番目と2番目のドレッカナ、ミーナ（魚座）の
　　最後のドレッカナはサルパ（蛇）ドレッカナと呼ばれる。これらのドレ
　　ッカナにある惑星はもし他の要素が同様のことを示しているならば、マ
　　ハーダシャーとアンタラダシャーの期間の間は、健康を害しがちになる。

7

ハウスと惑星の象意

最上の者が何かを行えば、
他の人々も同様にする。
彼が手本を示せば、人々もそれに従う。

「バガヴァバッド・ギータ第3章21」（上村勝彦訳　岩波文庫）より

　獣帯の12ハウスは、個人レベルと同様に地球上に存在する側面を表す。同様に、9つの惑星もいろいろな存在の領域を表示する。ホロスコープを分析するためには、ホロスコープの異なるハウスとここに置かれた9つの惑星が何を意味するのかを理解することが絶対に必要である。ダシャーシステムと他の特別の技法によって統合化された惑星とハウスの間の相互作用の理解が正確な予言のための基礎となる。

　惑星とハウスが意味するすべてについての適切な情報を提供することがここでなされる1つの試みである。しかしながらこの情報は排他的なものではない。特に、事実の見地において、標準的な原則が現代の社会事情の文脈に適用される時、いくつかの新しい意味が生じるはずである。それは、占星術が生き生きと拡大発展する分野であるという事実を強調するにすぎない。

 **12ハウスの象意**

　ラグナから7番目のハウスまでは出生図の人物の体の右半分を表す（そして彼の配偶者の左半分の体を表す）。第7室からラグナまでのそれは出生図の人物の体の左半分を表す。そして彼の配偶者の右半分を表す。

第1室

　身体、名声、性格、強さ、勇気、知識或いは知識の不足、住居、生誕地、尊厳、名誉、先祖、生計、最初、現在、知恵、財産、快適と不快、自尊心、心の平穏、幸福と不幸、分離、徳と悪徳、両親の健康

　医療占星術の立場から：身体全般、四肢、外観、傷跡或いはあざ・ほくろ、健康と不健康、皮膚の触感、寿命、睡眠、頭、頭脳、髪の触感、スタミナ

第2室

　財産、スピーチ、物質的楽しみ、装飾品・真珠・ダイヤモンドの貿易、一般的な売買、冨の蓄積、自らの努力を通して金を稼ぐ、父親からの獲得、真実と嘘、好み、食物、味、衣服、雄弁、謙遜、心の安定、学習、教育、手紙、怒り、欺き、家族の一員、友達、敵、召使い、親しい部下、自己制御、死

　医療占星術の立場から：顔、歯、舌、口腔、鼻、爪、スピーチ、目（右目）

第3室

　勇気と勇猛、身体的健康、趣味、才能、教育、よい品質、兄弟、両親の寿命、忍耐、能力、食事の品質と性質、自己本位、スポーツ、闘志、逃避、商売、夢、悲嘆、心の安定、近所、近い関係、友達、軍隊、相続、装飾、賢明さ、短期旅行

　医療占星術の立場から：耳（右耳）、首、喉、肩、骨、上腕、精神的不安定、肉体的成長、寿命

第4室

　近くの親しい人、カーストと家系、母親、母方の親戚、土地と家、農業、耕作、庭、果樹園、装飾、建物、議会、支配者からの利益、医薬、教育、知識、土地と地理の知識、地理学、隠された宝、慰めと不安、勇気、忠実、勝利と敗北、香水、織物、牛乳、掘削、農産物、乗り物、牛・馬・象の所有

　医療占星術の立場から：胸、肺、心臓、乳房、強力なよく効く薬

第5室

　子孫、父親、精神的能力、学習、知識、学問、性格、概念、繁栄、妻を通じての取得、女性にとっての魅力、鋭い知恵、識別と分析能力、能力、神への貢献、金儲けの手段、公的尺度、良い或いは悪い記憶、投機、屈辱、著述業、Shruti（シュルティ）[1]、Smirti（スミルティ）[2]、マントラの知識、過去世のカルマ

【注記】
　※1、※2どちらもサンスクリット語で天啓聖典を意味する

　医療占星術の立場から：心臓、上部循環系、肝臓、胆汁気泡、心、精神病、妊娠に関わる問題

第6室

　敵、反対、精神的動揺、怪我、事故、病気、戦争で被った傷、ローン、借金、損失、失望、障害、毒、中傷、恥辱、残酷さ、禁じられた行為に耽ること、泥棒、喧嘩、投獄、母方の叔父、母方の叔母、義母、ペット、牛、四足獣、食物の匂い、召使い、部下、一般的な迷惑行為

　医療占星術の立場から：腸、腹部の部位、痰性の病気、結核、眼病、中毒、事故、手術

※1　神より啓示された聖典
※2　聖仙や偉人の著作による聖伝書

第7室

　配偶者、セックスパートナー、結婚、姦通、性欲或いは情熱、配偶者の性質と性格、性的結合、秘密の情事、旅行、方針の基準、ビジネスパートナー、公然の敵、喧嘩、泥棒、記憶喪失、失われた財産の復活、進歩、地位の獲得、祖父、兄弟の息子、死

　医療占星術の立場から：尿管、肛門、精液、精液胞、尿道、衰弱、性行為

第8室

　女性の結婚の状態、寿命、死、障害、恥辱、敗北、断絶、突然、予期せぬ出来事、悲惨、記憶喪失、罪、生物殺害、犯罪処罰、死の性質、死の場所、邪悪、父親の借金、期待された規範からの基準、恐ろしい場所、困難な道、割れ目、あら探し、屈辱、妻の財産、突然の予期せぬ贈与、隠された才能、精神性の追求と達成、相続、姉の息子

　医療占星術の立場から：外部生殖器、不治の病或いは慢性病、四肢の喪失、寿命、死の原因、厳しい精神的苦痛

第9室

　徳のある行為、巡礼、礼拝、宗教的傾向、信仰や宗教的学習、現世のカルマ、光輝、徳ある人との交際、吉兆、教師或いは宗教的指導者、父親、厳格さ、贖罪、慈悲、親切さ、知恵、知識、教師への献身、霊的儀式、精神的落ち着き、名声と幸運、子孫、寺院、ヴェーダの儀式、長期の旅、海の旅

　医療占星術の立場から：尻、太腿、栄養

第10室

　職業、機能、生計の源、政府サービス、王からの恩恵、ビジネス、地位、財産、政治権力、名声、進歩、仕事の性質、仕事志向、治療を行う医師、隠された宝、規定された道、教育能力、自己抑制、支配、犠牲的性質、能力、父親の財産と冨、外国旅行、財政状態、住居の場所、聖なる宗教的儀式の行為

医療占星術の立場から：膝、膝頭

第11室

あらゆる性質の獲得、収入、獲得、願望成就、稼ぎの性質、到達、報酬、承認、支配者からの利益、特別の地位、利益、学習、遺産、宝石愛好、財産の損失、敬虔な宗教的行事の実行、利益と報酬、年上の兄弟、父方の叔父、母親の寿命、物質的楽しみ

医療占星術の立場から：脚、左耳、左上肢、病気からの回復

第12室

出費、富の損失、規定された或いは禁止された行為に対する金銭の消費、ベッドの喜び、寝室、精神的苦痛、不眠、身体的病気、邪悪、貧乏、四肢の喪失または病気、権威失墜、投獄、敵の部屋での監禁、配偶者を失う、死去、解放、再統一、遠方旅行、外国の土地、移民、旅行における損失、父方の財産、精神的学習、秘密の学習、明白なそして隠れた敵からの恐れ

医療占星術の立場から：不眠、精神的不安定、入院、足、左目、死

 惑星の象意

惑星もまたハウスのようにそれぞれの象意をもつ。それらは次のようである。

太陽

身体的強さ、支配、影響力、勇気、武勇、苦味、土地、啓蒙、魂、父親、父親の慰め、国王、王室の利益、王の行為、高い地位、隠し立てのない行為、精神的純粋さ、王国、旅行、夏（グリシュマ）、熱、火、石、王冠をもつ木、草、森、山、東の方向、半年、河岸、身体、顔、怒り、憤り、敵意、よい性質、管理、指導者、内科医、能力、金、銅、真珠、ルビー、装飾品、材木、四足獣、短い身長、太い紡ぎ糸、勝利、シバ神への献身、クシャトリア（4

つのカースト秩序における２番目）、赤い布、サフラン、蓮、子牛のいる牛、死の世界

医療占星術の立場から：丈夫な健康体、高齢、胃、胆汁、心臓、右目、骨、熱、炎症、頭の病気、頭痛、禿、胆汁の病気、転倒による怪我、癲癇、四足獣から被った怪我

月

母親、母親へのそして母親からの慰め、美しさ、顔の光沢、優雅さ、名声、幸福、乗り物、心、精神的能力、知性、ユーモアのセンス、女性的傾向、精神的鋭敏さ、個人的性質、満足、怠惰、睡眠、液体、水、乳、凝乳、蜂蜜、塩缶、食事、おいしい果物、魚と水棲生物、蛇と他の爬虫類、花、香水、きれいな衣服、白、水晶、銀、青銅、真珠、王の象徴、

井戸、水槽、湖、水の拡がり、巡礼、喜び、光輝、内気、慎重さ、穏やかさ、親切、愛、恋人、愛情、王の利益、小麦、白米、砂糖黍、塩、ブラーミン、北西の方向、雨季（ヴァルシャ）、ムフルタ（48分に等しい時間の長さ）、中年、死者の霊の世界

医療占星術の立場から：精神病、癲癇、潰瘍、酸過多、気持ちの乱れ、胸膜炎、結核、血液循環の乱れ、胸、左目、マラリヤ熱、熱病、寒気と悪寒を伴う熱、睡眠障害、生理上の問題、肩の病気、水上動物からの恐れ

火星

勇気、勇敢さ、積極性、怒り、身体的強さ、誇り、傲慢な、戦い、管理能力、賞罰の能力、武器使用技術、危険な冒険、弓、リーダーシップ、支配、名声、勝利、軍隊、砦、残酷さ、享楽、敵の強さ、王、馬鹿、議論、怪我、外科手術、他人の批判、刀、斧或いは手斧、ナイフ、村や町のリーダーシップ、王室、有名な、軍の指導者、独立、野生動物の統制、非菜食主義者の食事、偽善の性質、熱、夏（グリシュマ）、南の方向、燃焼、火、不動、支配者への奉仕、家庭、家、土地、土壌、燃えた場所、陶器、金細工師、金、銅、よい食事、彫刻、忍耐、頑固、演説、兄弟（特に若い年下の）、蛇、赤色、血液、血潮、赤い衣服、赤い花、毒、苦い味、辛い味、視力、日、木

医療占星術の立場から：不機嫌、骨髄、ヘモグロビン（血液における赤い色素）、筋肉、女性の生理期間、事故、怪我、火傷、外科手術、胆汁の病気、血行不良、切り傷、排尿障害、頭の怪我、身体の健康と活力

水星

　教育、知識、学習、学問、文法、数学、占星術、天文学、執筆、原稿、哲学的知識、雄弁術、スピーチ、上手な会話、表現力、機知ある言葉、知性、謙遜、恐れ、差別、編集、印刷機、大臣、多くの意味をもってちりばめられた会話、貿易業者、商業、宝、巡礼、寺院、悪夢、彫刻家、宗教的反乱、貢献、精神的静寂、気紛れ、浮気、友人、黒魔術、自己抑制、鳥、馬、経典やヴェーダンタの知識、放棄、マントラの技術、ヤントラやタントラの行為、ダンス、混合色の物質、宦官、シュードラ（4つのカースト制度の中の最後の4番目）、季節、秋（シャラッド）、肌のうるおい、北の方向、緑色、王子、若者、子供、母方の叔父、母方の祖父、年下の兄弟、内科医、寺の塔、塵、整った外見、宝石の技術、十字状の模様

　医療占星術の立場から：皮膚、皮膚病、へそ、性器、首、喉、鼻、肺、精神異常、神経衰弱、言語障害、めまい、不能

木星

　成功者、息子と娘、孫、司祭、財産、宝物、古典学習、哲学的学習、法律学習、サンスクリット語、高等教育、占星術、天文学、文法、経典、論理、宗教的研究、ダルマ或いは正しい行動、地位、祖父、年長者、教師、ブラーミン（4つのカーストシステムの最上位）、年寄り、巡礼地、鋭い知性、智慧、才能、雄弁さ、名声と評判、理解力、自己尊重、傲慢、憧憬、本の著者、長い詩、マントラ或いは化身、講義と聴衆を喜ばすこと、親切な性質、法律家、判事、献身、慈悲、懺悔、自己抑制、王冠、身体的健康、勇気、進歩、他人の心を理解する、経典の知識、装飾、黄色い布、黄色いトパーズ、黄色、宝石、金、蜂蜜、ウコン、塩、牛、バッファロー、象、戦車、邸宅、年上の兄弟、友達、北東の方向、冬の前半（ヘマンタ）、聖なる行為に費やす、慈善、貿易商、肥満体

医療占星術の立場から：肝臓病と胆汁気泡、肥満、糖尿病、膵臓、消化系の病気、膝、貧血、耳の病気、怠惰、慢性病

金星

妻、女性、結婚、結婚の喜び、性的冒険、ロマンティックな会話、スポーツ愛好、ウォータースポーツ、性的放縦、性的倒錯、恋愛、享楽、多くの婦人を所有する、美、若さ、名声、花、香りの愛好、穏やかさ、香水の取り扱い、美しい衣服と品物、古代文化への誇り、召使い、幸運、王国、王室の利益、煌き、装飾品、才能、財、経典の知識、ダイヤモンド、真珠、絹、身体的癒し、名声、美術、音楽、ダンス、歌、詩、演劇、乗り物、象、馬、牛、フルートやヴァイオリンの演奏、官能的な足取り、良いプロポーションの四肢、春の季節（ヴァサンタ）、南東の方向、中年、農業、家族の一員、寝室、白い花、半液状バター、凝乳、金、銀、土地、幸運、よい食事、ヴァイシャ（４つのカーストの３番目）

医療占星術の立場から：性病、眼病、泌尿器系の病気、腸の病気、糖尿病、腸チフス、虫垂炎、消耗

土星

寿命、苦しみ、悲惨、不健康、障害、悲しみ、苦悩、死、屈辱、卑屈さ、愚かさ、強引、主張、罰、監禁、アウトカースト、女中、分離、奴隷、偽善、文盲、消耗、努力、卑劣、醜悪、穢い衣服、みすぼらしい外見、宦官、非合法の、罪、残酷さ、法や裁判の技術、放棄、超然とした態度、哲学的態度、落ち日の方向、奴隷階級、西の方向、冬の第２期（シシラ）、生活の手段、老人、悪評、頑固さ、負債、貧乏、収入、邪悪な者との関わり、劣った者からの利益、狩猟者、さすらい人、馬、象、羊、バッファロー、ロバ、犬、油、木、黒い金属、鉄、鉛、黒い穀物、宝石、灰、農耕或いは農業、性的享楽、女性からの幸福、長い継続、奴隷階級、群衆、労働者

医療占星術の立場から：慢性病、不治の病、脚、足、腱、肌、醜い髪、びっこ、切断手術、抑圧、狂気、白痴、消耗と疲労

ラーフ

　突然の出来事、気が進まない、誤った論理、きつい話し方、非宗教的、邪悪な女性との享楽、偽善、罪、邪悪さ、王の地位、王の標章、アウトカーストからの利益、外国旅行或いは居住、長期旅行、巡礼、ムフルタ（48分）、空気、宇宙、呼吸、老人、躊躇、毒、蛇、爬虫類、南西の方向、難しい土地へのさすらい、山に昇ること、母方の祖父、博打、青い布、暗い花、エメラルド、密林、突然の病気、技術的教育

　医療占星術の立場から：骨、慢性病、不治の病、狂気、しゃっくり、恐怖症、ハンセン病、じくじくする傷、毒、蛇の嚙み傷、悪性腫瘍

ケートゥ

　自分自身の知識、放棄、マントラやタントラの知識、秘儀、超然とした態度、沐浴、巡礼、悔悟、飢餓、静かな約束、ヴェーダ哲学、病気、内科医、旗、猟師との関わり、幸運、苦しみ、贅沢、父方の祖父、強欲な人、犬、鹿、鶏、痛み、怪我、外科治療、角のある動物、角、石、敵からのトラブル

　医療占星術の立場から：慢性病、結核、ウイルス性の病気、発疹性の熱、伝染病、寄生虫の群生、非熱性の傷、精神的不安定、診断の混乱に原因する病気

ハウスの表示体としての惑星　*カラカ*

　12ハウスは、それぞれ１つもしくはそれ以上の表示体或いはカラカをもつ。表示体はハウス機能の付加的な表示である。１つのハウスは１つ以上の表示体をもつ。いろいろな表示体が次のようにそれぞれのハウスにある。

ラグナ	＝	太陽	第７室	＝	金星
第２室	＝	木星	第８室	＝	土星
第３室	＝	火星	第９室	＝	太陽、木星

第4室	＝	月、水星	第10室	＝	太陽、水星、木星、土星
第5室	＝	木星	第11室	＝	木星
第6室	＝	火星、土星	第12室	＝	土星

 # 表示体の予測的使用

　ハウスの表示体はハウスに関わりのあるイベントと判断される時考慮されなければならない。例えば、人が母親（第4室）について知ることを望む時、月（母親と同様第4室の表示体）が検討されなければならない。或いは兄弟（第3室）のことを判断する時、火星（兄弟と同様に第3室の表示体）が判断されなければならない。また、次の枠組みが伴わなければならない。

1．ラグナからみて第9室（父親）と第10室と11室から考慮されるものはなんであろうと、太陽から見て第9室、10室と11室からも検討されなければならない。

2．ラグナからみて第1、2、4、9、10室から考慮されるものはなんであろうと、月から見て同様に検討されなければならない。

3．ラグナからみて第3室から考慮されるものはなんであろうと、火星から見た第3室も同様に検討されなければならない。

4．ラグナからみて第6室（病気、敵、母方の叔父）から考慮されるものはなんであろうと、水星から見た第6室も同様に検討されなければならない。

5．子供を見るときは、ラグナからみて第5室と木星から見た第5室を考慮する。

6．配偶者に関しては、ラグナからみて第7室と金星から見た第7室を考慮する。

7．ラグナからみて第8室（死、寿命）と第12室の表示体は、土星から見た同様のハウスを考慮しなければならない。

8．ハウスの表示体がなんであろうとも、これらはそのハウスの支配星からも判断されなければならない。

8

ホロスコープの計算：
ハウスのカスプ

> 誰によって語られた、
>
> この言葉を人々は語るのか？
>
> そして視覚と聴覚を繋ぐのは、どの神か？
>
> 「ケーナ・ウパニシャッド第1章1」ウパニシャッド（湯田豊訳　大東出版社）より

　ホロスコープは、獣帯の星座と星座に配置されている惑星の図形的な表示である。ある特定の瞬間に対して、東の地平線上に上昇する星座はホロスコープチャートの最初の地点或いは第1室と見なされる。それに続く星座は、ホロスコープのそれに続くハウスを表示する。

　第1室或いは上昇宮は、ラグナ或いはアセンダントと名づけられる。それに続くすべての占星術的機能はこの特別な地点を基礎とするので、ラグナは最も重要である。地球は東から西へ軸に沿って24時間に1回転すると考えられる。その結果、地球の周りの獣帯を1回転することは明らかである。即ち、すべての獣帯の12星座は東の地平線から上昇し、天頂に達し、西の地平線に沈む。そして再び、24時間目の立地点に戻るという過程をたどる。

　ラグナは特定の瞬間に昇る獣帯の度数である。それはホロスコープを構成する獣帯の上昇度数をもつラグナと惑星の獣帯の静止した図面である。

　インド占星術によれば、ホロスコープにおけるラグナは第1室の中間点を

ほぼ代表する。したがって、ハウスの一部はこの地点に先行するし、一部は後に従う。これはハウスのカスプがハウスの出発点と考える西洋占星術と異なる点である。

 # 時間の重要性

獣帯は絶えず地球の周りを動いているので、アンギュラーの位置とそれに伴うラーシとナクシャトラの位置は絶えず変わる。それは1つのホロスコープから他のホロスコープを区別する、それゆえにある人と他の人を区別し、その時々で規則的に変化する。これは時代の正確な時を、すなわち個人の誕生時のチャートの場合ならば誕生時間を記録することの重要性を強調するものである。

時間の記録

古代のインド人の出生時間の記録の方法は、日昇の瞬間からその日の始めを記録したものと思われる。これが最近までインドにおいてずっと行われていた。しかしながら、より広く用いられた方法は、地方の正午と一致する子午線或いは天頂を横切り、地方の真夜中において天底あるいは下側の子午線を通る太陽の通り道と認識している現代の方法である。時間の計算は真夜中から真夜中までの間で行われる。

標準時間、地方時間、地域時間

現代の時間は時計か腕時計で記録される。一般的に時計は、その場所の標準時間と呼ばれるものに従う。それは国内におけるすべての時間の計算上参考になると思われる地点を参考とした特定の場所の地方時間にすぎない。標準時間は経度0度に対する地方平均時であるグリニッジ標準時（GMT）と関わりがある。GMTの時間計算はグリニッジの東の場所がGMTの始まりであり、グリニッジの西の場所がGMTの最終である。

時間計算は地球の回転の機能であると認識するかもしれない。24時間で

１回転が、経度の360度に等しい。即ち、それぞれの経度の15度が１時間に、４分が１度に一致する。インドにおける標準時間（IST）はグリニッジの東の82度50分の場所から計算され、それは１度について４分の割合で５時間30分進むと一致する。即ち、グリニッジの東にあるインド標準時間はGMTに先立つこと５時間30分である[※1]。

　いくつかの大きな国は、一般的には経度15度で分離される異なる時間帯・地域をもつ。それぞれの地域は地域内で標準時間のような独自の地域時間をもつ。即ち、アメリカやロシアのように１つの国の中にいくつかの標準時間がある。これらの時間帯をしっかりと理解することは、占星術チャートを読む時に間違いを未然に防ぐためにも極めて重要である。

　別の落し穴は夏の月々において１時間ずつすべての時計が進むいくつかの国における夏時間の使用である。影響力のある通常の時間から夏時間に転換する年の実際の日付を知らなければならない。もしこのような詳細が省略されるならば、大きな間違いがリーディングやその後のホロスコープの分析で起こり得る。

ホロスコープチャートリーディングに要求されるデータ

　ホロスコープチャートを読むためには、次の３つが求められる。
　１．誕生の日付（或いは特別の出来事の日付）
　２．誕生の時間：標準時或いは地方時、地域時間あるいは夏時間の情報
　３．生誕地：生誕地の緯度、経度
　上記のデータの目的は時間の正しい瞬間を得て、その結果、特定の場所で的確なホロスコープが作成されることである。

チャートを読む時に必要とされる道具

　これは以下のとおりである。
　１．出生に関する適切な年のエフェメリス
　　　エフェメリスは太陽、月、惑星と恒星等毎日の位置を詳細に示した天

※1　ちなみに日本標準時間（JST）は９時間30分である

文学的な暦である。西洋においては、ラファエルのエフェメリスが一般的に標準的なものとして継続的に用いられている。これらはサヤナ或いは惑星のトロピカルな位置を与える。

インドにおいては、チトラパクシャにアヤナムシャの基礎を置いたラヒリーアヤナムシャが最善のものであり、インド占星術によりふさわしい。惑星のニラヤナ或いはサイデリアル方式を与えている。ラヒリのエフェメリスは要約されたエフェメリスの形でも毎年利用できる。

2．アセンダント表

いろいろ変化する緯度に対して、アセンダントの度数を計算するデータを与えるできあいの一覧表である。インドにおいては、ニラヤナシステムに基礎をおくラヒリーの一覧表が最もポピュラーであり高く奨励されている。しかしながら、サヤナシステムに基礎を置く一覧表も同様にまたよい。サヤナとニラヤナシステムの違いはアヤナムシャのところだけであるので、サヤナの基礎の上のアセンダントを算出し、そこからニラヤナの数値を得るためにアヤナムシャを引くことでもよい。

上記に述べられた表は、第10室あるいは子午線を計算することを助ける。これから残りのハウスカスプが計算される。

3．生誕地の緯度経度を見つけるための地名辞典

インドや外国の主要都市を含むこの情報は上記に参照されたアセンダント表の最後に図表化される。

⊛ アセンダントを計算する手順

特定の瞬間の、特定の場所において、アセンダントを計算する時に関わる重要な手順を以下に記す。

1．出生地の地方平均時

標準時間（即ちインド標準時間）或いは地域時間で得られる出生時間から、出生の地方平均時（LMT）や特定の出生地の地方時間に適切な修正を加えることによって決定する。

もし特定の場所がその国の中央部の東にあるならば、その場所と参照地点の間の経度の違いの度数に４分を加える。もしそれが西にあるならば、経度の違いの度数から４分を引く。

　アセンダント或いは上昇星座は地方時間に基礎を置き、その国或いは地方の標準時間や標準地域に基礎を置かない。

２．サイデリアルタイム（恒星時間）

　LMTからサイデリアル時間を決定する。これはアセンダント表がサイデリアル時間に基礎を置いているので重要である。すでに述べたように、特定の緯度上の同じサイデリアル時間にとって、獣帯のいろいろな星座の空間が同じであるのと同様に上昇時間も同じである。

　エフェメリス或いはアセンダント表から得られるサイデリアル時間の数値は正午、すなわち毎日の地方平均時の正午である。秋分の日頃では、これらの数値は春分の日頃と約12時間離れていても同じである。サイデリアルの１日は24時間の暦日より約４分短い。時計時間の24時間毎の４分の差は、大体、時計時間の１時間につき10秒に等しい（即ち４分を24時間で割ったもの）。出生のサイデリアル時間を得るためには、正午の地方平均時のサイデリアル時間を最初に記さなければならない。

　次のステップは地方平均時が午前（真夜中と正午の間）か或いは午後（正午と真夜中の間）かどうかを考慮することである。午前の誕生の場合は、出生時間が正午より前なので、エフェメリスから得られるサイデリアル時間の数値から、同じだけの時間分を引く。午後の誕生の場合、誕生が午後なので、サイデリアル時間が得られる数値から同じ数だけ加える。さらに、上記で引かれたか加えられたそれぞれの時間に対して、約10秒の割合で時間周期に引くか加える。これで出生の正しいサイデリアル時間が得られる。

３．アセンダントから算出する

　出生のサイデリアル時間と生誕地を基礎として、ラグナ或いはアセンダントの正確な度数が算出される。

　一般的に、アセンダント表はサヤナシステムを基礎にしている。その結果、適切なアヤナムシャはニラヤナの数値を得るためには引き算をし

なければならない。しかしながら、ラヒリの表はニラヤナを基礎にしている。これらの表は1938年を基礎にして構築された。その前後の年の期間に関しては、昼夜平分時の歳差の立場で適切な修正が行われなければならない。

第10室

アセンダント表は、ホロスコープの10番目のハウスを計算する表を与える。以前述べた理由でサイデリアル時間を使用しているので、第10室のカスプでの特定の時間に対しては（他のハウスカスプも同様であるが）、同じ緯度にあるすべての場所に対しても同じである。また、第10室は上方の子午線あるいは天頂を表す。それゆえ、そのカスプは特定の瞬間の時間の同じ経度にある場所にとって同じである。即ちサイデリアル時間を使用する時、特定のサイデリアルの出生時間の第10室のカスプは地球上のすべての場所で同じである（すべての経度と緯度で）。

残りのハウスのカスプ

インド占星術でいろいろなハウスのカスプを決定する標準的な方法をここで述べる。アセンダントのカスプに加えられた6つの星座が、第7室或いはディセンダントのカスプを与えられる。第10室のカスプに加えられた6つの星座が、第4室或いは天底、低い子午線を与える。第10室のカスプを与える時、アセンダントと第10室の間での3分の1の差異が第11室のカスプに与えられ、第10室に与えられる3分の2の差異が第12室のカスプに与えられる。ラグナが加えられる時、ラグナと第4室の間の3分の1の差異が第2室のカスプに与えられ、ラグナに加えられた3分の2の差異が第3室のカスプに与えられる。

第5、6、8、及び9室のカスプは第11、12、2、及び3室のカスプに

個別に6つの星座を加えることによって得られる。

バーヴァ・サンディスあるいはハウスの接合点

　第12室とラグナのカスプの間の中間は、ラグナと第12室の接合ポイントである。ラグナのカスプと第2室のカスプの中間はラグナと第2室の接合点である。ラグナの範囲は上記に述べられた2つの接合点の間である。

　残りのハウスの接合点とその範囲は同様に計算される。

 # アセンダントと第10室の計算―事例

　実際の例を取り、1995年1月4日（水曜日）午後2時52分（IST）、北緯28°39′、東経77°13′生まれの人のラグナと第10室を読んでみよう。

ステップ1

　誕生時（2:52PM）のインド標準時間から、経度1度につき4分を引くことにより地方平均時間を得る。事例となる場所は、インドの標準的な子午線の西（即ち82°30′）にある。

h：時間　m：分　s：秒

		h	m	s
IST	=	2	52	00
場所の修正 (82°30′-77°13′=5°17′：5°17′×4=21m8s)	-		21	08
LMT	=	2h	30m	52s

【注記】
　この数値は簡便さのために2h31mにまるめられている。

ステップ2

　サイデリアル時間で1995年1月4日2時31分（地方平均時）を得る。これはエフェメリス或いはアセンダント表から参照される。

	h	m	s
1995年1月4日正午12時のサイデリアル時間　＝	18	53	35
上記の経度の修正		＋	03
正午に対する修正サイデリアル時間　＝	18h	53m	38s

　正午の12時の後で出生時間は２時間31分になるので、この時の時間、或いは25秒（２時間31分に対して）に約10秒の時間の数値を同様に加えなければならない。

		h	m	s
1995年1月4日の2時31分PM（LMT）のサイデリアル時間に対して	＝	18	53	38
	＋	2	31	00
	＋			25
	＝	21h	25m	03s

【注記】
　簡便さのために25ｈ25ｍに数字をまるめた。

　すでに示したように、正午以前に起こる出生に対しては、それに対応する時間の量を正午のサイデリアル時間から引かなければならない。正午12時以後の２時間31分の時間の発生の代わりに、1995年６月４日の正午以前（例えば９時29分で）の同じ時間と分に起こった出生を仮定してみる。それと合致する期間が正午12時に対するサイデリアル時間から引かれなければならないため、以下のようになる。

		h	m	s
1995年1月4日の9時29分AM（LMM）のサイデリアル時間に対して	＝	18	53	38
	－	2	31	00
	－			25
	＝	16h	22m	13s

ステップ3

アセンダント表から上記で得られたサイデリアル時間に対する場所の緯度に対応するアセンダントを見つける。サヤナ表が得られる場合に、得られたアセンダントのカスプはサヤナカスプである。誕生年に対するアヤナムシャの数値は、インド占星術で求められるので、ニラヤナラグナを得るためにこれから引かれるべきである。

もしニラヤナの基礎をもつラヒリーの表が得られるならば、得られるラグナの度数は1995年（出生者の誕生年）に対する適切なアヤナムシャの修正が適用されることが必要となる1938年のものである。ここから以下の計算はニラヤナの基礎をもつラヒリーの表を拠り所としている。28°N39′（北緯28度39分）の適切な表において、

※s：サイン＝星座

(i)　サイデリアル時間のアセンダント
　　　21h　28m　　　　　　　　　　　　　　　　　　　　　 ＝ 1s　13°　12′

(ii)　サイデリアル時間のアセンダント
　　　21h　24m　　　　　　　　　　　　　　　　　　　　　 ＝ 1s　12°　09′

(iii)　サイデリアル時間の4分を
　　　アセンダントに変換する　　　　　　　　　　　　 ＝ 　　　 1°　03′

(iv)　サイデリアル時間に変換している1分を
　　　アセンダントに変える　　　　　　　　　　　　　 ＝ 　　　 0°　15′　45″
　　　（1で割ると1°03″）

(v)　サイデリアル時間21h25mに対する
　　　アセンダント　　　　　　　　　　　　　　　　　　 ＝ 1s　12°　24′　45″

(vi)　1995年に対するアヤナムシャの修正　　　　　 ＝ 　　　 -48′

(vii)　それゆえ、正しいアセンダントは　　　　　　　 ＝ 1s　11°　36′　45″
　　　　　　　　　　　　　　　　　　 或いは牡牛座　11°　36′　45″

ステップ4

第10室は地球上で全ての場所で惑星にふさわしいテーブルから得られる。

前述のテーブルを参照しながら、探してみると、

(ⅰ)　サイデリアル時間の21h28mに対する第10室

$$= 9s\ 26°\ 35'\ 00''$$

(ⅱ)　サイデリアル時間の21h24mに対する第10室

$$= 9s\ 25°\ 34'\ 00''$$

(ⅲ)　サイデリアル時間の4mの変化に対する第10室
　　　の変化　　　　　　　　　　　　　　　　=　　　1°　1'

(ⅳ)　サイデリアル時間の1mの変化に対する変化　=　　　　　15'　15''

(ⅴ)　サイデリアル時間の21h25mに対する第10室

$$= 9s\ 25°\ 49'\ 15''$$

(ⅵ)1995年に対するアヤナムシャの修正　　　　　　　　-48'

(ⅶ)即ち、第10室　　　　　　　　　　　　=　9s　25°　1'　15''

或いは、山羊座　25°　1'　15''

残りのハウスと接合点の計算

　ラグナと第10室を決定したので、残りのハウスを決定するのは容易である。ここでラグナは1s11°36'45''で、第10室は9s25°1'15''である。

(ⅰ)　第7室：ラグナに6つの星座（180°）を加えた時、第7室のカスプを得る。現在の事例は、7s11°36'45''である。

(ⅱ)　第4室：10室のカスプに6つの星座（180°）を加えた時、第4室のカスプを得る。即ち、第4室のカスプはここでは3s25°1'15''である。

(ⅲ)　第11室と12室：ラグナと第10室の間の違い（例：第10室のカスプ引くラグナのカスプ；ここでは3s16°35'30''）を3で割る。その結果は第11室を得るために第10室に加えられて（1s5°35'30''）を得た。そして第12室を得るために第11室に加えられたものを得た。この事例では、

第11室　　　　　　　　　　　　　　　　= 11s　0°　33'　5''

第12室　　　　　　　　　　　　　　　　=　0s　6°　4'　55''

(ⅳ)　第2室と第3室：ラグナと第4室の間の3分の1の違い（即ち、第4

室のカスプからラグナのカスプを引く。或いは2s 13° 24′ 30″を3で割って得られる0s 24° 28′ 10″の数値）が第2室を得るためにラグナに対して加えられる。そして第3室を得るために第2室に対して更に加えられる。

第2室　　　　　　　　　　　　　　　　　　　= 2s　6° 4′ 55″

第3室　　　　　　　　　　　　　　　　　　　= 3s　0° 33′ 5″

(v)　残りのハウス：第5、6、8と9室は6つのサインを第11、12、2、9室に個別に加えることによって獲得できる。検討中の事例の中のいろいろなハウスのカスプは、表8-1で表される。

表8-1 | ハウスのカスプ

ハウス	カスプ				ハウス	カスプ			
	s	d	m	s		s	d	m	s
第1室	1	11	36	45	第7室	7	11	36	45
第2室	2	6	4	55	第8室	8	6	4	55
第3室	3	0	33	5	第9室	9	0	33	5
第4室	3	25	1	15	第10室	9	25	1	15
第5室	5	0	33	5	第11室	11	0	33	5
第6室	6	6	4	55	第12室	0	6	4	55

sサイン=星座　d=度数　m=分　s=秒

バーバサンディス或いはいろいろなハウスの接合点は、隣接するハウスの間の中間点を決定することによって、容易に決定できる。

(i)　第12室（0s 6° 4′ 55″）とラグナ（1s 11° 36′ 45″）の間、即ち2つのハウスのカスプの間の半分の距離であるミッドポイントは0s 23° 50′ 50″である。

(ii)　同様に、ラグナ（1s11° 36′ 45″）と第2室（2s6° 4′ 55″）の間、即ち2つのハウスのカスプの間の半分の距離であるミッドポイントは1s 23° 50′ 50″である。

表8-2 | ハウスのカスプ

ハウス	始め				カスプ				終り			
	s	d	m	s	s	d	m	s	s	d	m	s
第1室	0	23	50	50	1	11	36	45	1	23	50	50
第2室	1	23	50	50	2	6	4	55	2	18	19	0
第3室	2	18	19	0	3	0	3	5	3	12	47	10
第4室	3	12	47	10	3	25	1	15	4	12	47	10
第5室	4	12	47	10	5	0	33	5	5	18	19	0
第6室	5	18	19	0	6	6	4	55	6	23	50	50
第7室	6	23	50	50	7	11	36	45	7	23	50	50
第8室	7	23	50	50	8	6	4	55	8	18	19	0
第9室	8	18	19	0	9	0	33	5	9	12	47	10
第10室	9	12	47	10	9	25	1	45	10	12	47	10
第11室	10	12	47	10	11	0	33	5	11	18	19	0
第12室	11	18	19	0	0	6	4	55	0	23	50	50

(iii)　第1室は0s 23° 50′ 50″から1s 23° 50′ 50″の範囲である。

(iv)　すべての他のハウスの間の接合点、そしてそれぞれのハウスの範囲は同様の方法で決定される。

　表8-2は考慮中のチャートに対するいろいろなハウスの終りと同様、始めとミッドポイントを示す。

【注記】
　上記で述べられたように、カスプ或いはミッドポイント（バーヴァ・マディヤ）は弧或いはハウスの範囲の正確なミッドポイントではない。それぞれのハウスは2つの部分、即ちプールヴァバーガ或いは最初の部分、そしてウッタラバーガ或いはそれに続くパートをもつ。

外国生まれの人のアセンダント

　ラヒリーのアセンダント表は、インド外部の生まれの人に対しても使用することができる。この目的のために採用される方法は同じである。出生者の出生時間は正確なサイデリアル時間でなければならない。このことはもしその国が標準時間以上であるならば、適切な時間帯として出生した国の標準時間を理解することを必要とする。

　ニューヨーク（USA）で起こる出生時間を考えてみよう。

　1949年5月22日午後11時43分（Eastern Daylight Savinng Time：EDT）北緯40°43′、西経74°

　Daylight saving time（夏時間）は通常の時間より1時間先行するので、実際の出生時間は午後10時43分である。

LMT	=	10:43 PM ＋4分
	=	10:47 PM

【注記】
　ニューヨークはGMTに遅れること5時間の地帯である。5時間は経度に関して75度に等しい一方で（1時間は15度に匹敵するか或いは1度が4分に匹敵する）、ニューヨークはGMTで西に74度だけである。それは地域時間の参照点（西経75度）から東へ1度のところにある。即ち、4分が地方平均時間を得るために地域時間に加えられる。

　アセンダント表の参照によれば、

		h	m	s
(i) 5月22日の正午12時に対する サイデリアル時間、地方平均時	=	3	57	43
(ii) 1949年の修正	=		+	31
(iii) 1949年5月22日正午12時のサイデリアル 時間のLMT		3	58	14
(iv) 地方時間10h47m（PM）に対するサイデリアル時間を必要とする。				

この時間は、正午12時の後の10 h 47 mなので、1 時間につき大体10 s
の比率で修正を加えた後で上記のサイデリアル時間の数値に加えられる。

		h	m	s
地方時間	=	10	47	00
10h47mに対する修正	=		1	47
修正された地方時間	=	10	48	47
(v)　即ちサイデリアル時間	=	3	58	14
	+	10	48	47
		14	47	01

(vi)　これはインドのサイデリアル時間である（82° E 30′ に対して）。ニュ
ーヨークに対しては、1 経度につき0.66秒の比率で適用される必要があ
るので、総計で＋ 1 m43 s に相当する。そこで修正されたサイデリア
ル時間は14時48分44秒である。

　このサイデリアル時間に対して、アセンダントはすでに述べたように、
ニューヨークの緯度に対応する表を用いて、上記の結果となる。第10
室と残りのハウスはまたすでに述べたように計算される。

南緯に対するアセンダント

　ラヒリーの表は北半球の緯度用に作られている。南緯の場合、それ向けに
特別に準備された表が用いられる。しかしながら、ラヒリーの表も南緯用に
ちょっとした修正で、次のように利用することができる。

1．上記で説明された出生のサイデリアル時間を決定する。

2．それに対して12時間を加える。結果が24時間を越えていたら24を引く。

3．上記で得られた時間を用いながら、北緯に対するアセンダントを決定
　する。

4．このようにして得られたアセンダントに対し、6 星座を加える。もし

結果が12星座を越えていたら12を引く。これが南緯に対応するアセンダントである。

【注記】
　南緯において、星座の期間は北半球のそれとは異なる。北半球において長い上昇の星座は南半球においては短い上昇の星座となる。
　即ち、北半球において牡羊座で測り、南半球では天秤座で測る。これは他の星座に対しても同様である。出生のサイデリアル時間に12時間を加え、北緯表を基礎にしてアセンダントを計算することによって、南緯の実際のアセンダントに対する反対の星座を計算する。このようにして得られたこのアセンダントに対して、真のアセンダントを得るために、6つの星座を加える。

ラグナのカスプを計算する古代インドの方法

　この方法の詳細に入ることが我々の目的ではない。唯一の原則が、以下のように1つひとつ列挙される。

1．日の概念

　　占星術の目的にとって、1日は日昇から日昇までの範囲であり、60ガティで成り立つ。正確に計算されなければならない日昇の時間の重要性がある。日昇時と一致する太陽面の上方の縁に視界がある。

2．イシュタカーラ

　　出生時間はガティとヴィガティ等で日照時間から計算される。日を計算するのに慣れているので夜間からではなく昼から計算する。これはイシュタカーラと呼ばれる。

3．傾斜する上昇或いはラーシマーナ

　　これは星座が上記の地平線を完全に上昇する時間の期間である。これはトロピカル或いはサヤナ獣帯の星座の上を参照する。ラーシマーナはアス（2章を参照のこと）と呼ばれる4秒に等しい単位時間である。6アス或いは24秒がパラあるいはガティとなる。緯度0度における獣帯（サヤナ）のいろいろな星座のラーシマーナは以下のようである。

星座（サヤナ）				ラーシマーナにおける	
				アス	ヴィガティ
メーシャ	カーニャ	トゥーラ	ミーナ	1670	278
ヴリシャ	シンハ	ヴリシュカ	クンバ	1795	299
ミトゥーナ	カルカ	ダヌー	マカラ	1935	322

４．他の緯度に対するラーシマーナ

　これは上昇の違い或いは異なる緯度に対するチャラクハンダ※2の理解を必要とする。与えられた緯度に対するチャラクハンダは山羊座から双子座へ減じる時、或いは蟹座から射手座に加えられる時、その緯度に対するいろいろなサヤナラーシに対するラーシマーナを得る。南緯にとって、加減は逆になる。いろいろな緯度に対してチャラクハンダを決定する洗練された方法の検討はこの著作の範囲を越えているので記述しない。

５．日昇でのサヤナの太陽

　パンチャンガから、日昇時のサヤナの太陽の位置が見つけられる。一般的に、日昇時の太陽の位置はパンチャンガにおけるニラヤナの基礎である。これは出生の特定年あるいは特定月に対するアヤナムシャを加えることによって、サヤナの数値へ変換される。これは太陽が日昇時において存在する星座を決定する。この星座にある期間がわかれば、どの星座がどのくらい地平線上に昇ったか、それがどのくらいの時間がかかったかを知ることができる。その時間の後で、次の星座が昇り我々が知っている時間がかかる。この方法において、適切なイシュタカーラに対する上昇星座が決まる。これがサヤナラグナである。

６．ニラヤナラグナ

　サヤナラグナからアヤナムシャを引く。これがニラヤナラグナである。

※2　異なる緯度に対する上昇の違い

9

ホロスコープの読み取り:
惑星の度数(経度)

私はアディシャ神群におけるヴィシュヌである。

光明に輝く太陽である。

私はマリト神群におけるマリーチである。

星宿における月である。

『バガヴァバッド・ギータ第10章21』上村勝彦訳(岩波文庫)より

　ラグナ或いはアセンダントを決定した後、次のステップはグラハスプータと呼ばれる惑星の度数の計算である。これらの度数は獣帯の惑星の天文学的位置を示す。ホロスコープが特定の瞬間の惑星の位置の図形的表現である以上、惑星の位置に対して正確な計算をすることは避けて通れない。

　惑星の位置は、いろいろな天文暦やパンチャンガに述べられている。インドでは異なる場所で発行されている数百の異なるパンチャンガがある。これらの多くは地域の上昇時間の惑星の経度を与えるために用いられる。一般的に太陰月の間の4つの場合、即ち8番目の黒分月、新月、8番目の白分月、満月である。最近は、これらの大部分は真夜中の12時のGMTに等しい午前5時30分の一般的な惑星の位置にあるインド標準時間(IST)に置き換えられている。

　インドにおいて、英語を知る読者にとって最も人気のあるエフェメリスは毎年発行されるラヒリーのインドエフェメリスである。それは「IST」で5

時間30分のニラヤナ或いはサイデリアルシステムに応じた惑星配置を与える。それはチトラパクシャアヤナムシャを使用している。サヤナ或いはトロピカル方式を基礎にしているエフェメリスもまた使用することができる。それらは適切な出生年のアヤナムシャの数値を引くことによってニラヤナの数値に変換されることを必要とする惑星のサヤナの位置を与える。

 ## 標準時間の使用

　我々は他のカスプ同様、アセンダントのカスプの計算のために地方平均時を用いた。それはどの場所であっても星座の上昇は、その場所の地方時間次第であるからである。すなわち、時計が示す時間に対して、異なる星座が地球上の異なる場所で上昇する。

　惑星の度数は、惑星が地球の中心と作る角度の距離である。この関係は地表のすべての場所で同じである。即ち、特定の瞬間で、すべての場所に対する惑星の位置は同じである。ラヒリのエフェメリスは午前5時30分（IST）の惑星の位置（ニラヤナ）を与える。それゆえ、何らかの与えられた瞬間の惑星の位置計算は、ISTが用いられなければならない。要するに、すべての惑星度数の計算は、実際に用いられたエフェメリスが採用される時、同じ時間の計測方法が用いなければならない。

 ## 惑星の経度：計算ステップ

　1995年1月4日午後2時52分（IST）デリー（同じデータが8章でラグナとハウスのカスプの計算の事例に用いられている）に生まれた人の惑星の度数（経度）を計算してみよう。

　ラヒリのエフェメリスは、毎日の基礎を午前5時30分（IST）の惑星の位置に与えている。例えばこの時間（1995年1月4日午後2時52分）は1995年1月4日午前5時30分と1995年1月5日午前5時30分の間にある。太陽

の度数を計算してみよう（惑星の位置がわかる）。5時30分から経過した時間として、出生時間を考えることにする。

即ち、

午後2時52分 － 午前5時30分 ＝ 9h 22m

太陽の位置（エフェメリスを見よ）		s	°	′	″
1995年1月5日午前5時30分	＝	8	20	22	40
1995年1月4日午前5時30分	＝	8	19	21	30
24時間の太陽の動き	＝		1°	1′	10″
午前5時30分から出生時間（即ち9h22m）まで に経過した時間の太陽の動き	＝			23′	52″
これを1995年1月4日午前5時30分の太陽の度数に加えると	＝	8s	19°	45′	22″

これが上記に述べられた誕生時間に対する太陽の度数である。残りの惑星の度数も同様に計算される。

逆行惑星の度数

逆行惑星は逆の方向に動き、そして度数は増加する代わりに時間が経過するに連れて減少する。ラーフとケートゥは常に逆行の動きだけをしている。太陽と月を除く他の惑星は時々逆行の動きをする。

上記に与えられた出生データをみると、火星は逆行している。

火星の位置を計算してみよう。

火星の度数		s	°	′	″
1995年1月5日	＝	4	8	51	00
1995年1月4日	＝	4	8	52	00
24時間における動き	＝		−	1′	00″
経過時間の動き（即ち、9時間22分）	＝			−	23″

表9-1 | 惑星の度数

	惑星	度数			
		s	°	′	″
1	太陽	8	19	45	22
2	月	9	29	02	36
3	火星（逆）	4	08	51	37
4	水星	9	02	07	52
5	木星	7	11	36	41
6	金星	7	03	13	15
7	土星	10	14	29	20
8	ラーフ	6	18	57	29
9	ケートゥ	0	18	57	29

　1995年1月4日の火星の度数をこれに加えると、出生の上記の時間に対する火星の度数として、48°51′37″になる。

　すなわち、惑星の逆行の場合に、経過時間に比例した動きが特定した度数から差し引かれる。

　上記の出生データに基礎を置いたすべての惑星の度数は、表9-1のように示される。

【注記】
　ラーフとケートゥは180度或いは6星座離れている。ケートゥの位置は、ラーフの度数に6星座を加えることによって得られる。

　同じ出生図に対して、前章でラグナがある牡牛座を考える時、基本的なホロスコープ（ラーシチャート）は以下のように図示される。

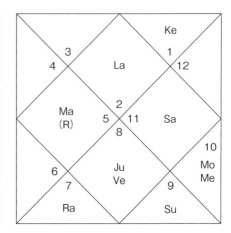

	Ke	La	
Sa			
Mo Me			Ma (R)
Su	Ju Ve	Ra	

La：ラグナ　　Ju：木星
Su：太陽　　　Sa：土星
Mo：月　　　Me：水星
Ma：火星　　Ke：ケートゥ
Ra：ラーフ　　Ve：金星

　午前５時30分（IST）の惑星配置を示すラヒリーのエフェメリスは、外国での出生の場合においても用いられる。そのような場合、出生時（標準時間或いは地域時間として述べられる）は惑星位置を決定するために相当するインド標準時間に変換される。

10

分割図

神よ、私はあなたの身体のうちに神々を見る。

またあらゆる種類の生類の群れを見る。

蓮華に坐した主である梵天を見る。

すべての聖仙や神的な蛇を見る。

「バガヴァバッド・ギータ第11章15」（上村勝彦訳　岩波文庫）より

　何らかの特定の星座が平均２時間プラスまたはマイナス数分間、地平線上にとどまっていることを理解するのは容易である。これは、その時間内に生まれたすべての人はチャートの中で似たような惑星配置をもつことを意味する。また、特定の星座は大体同じ時間（約４分で１度の違いをもつ）で翌日のほぼ同じ時間に地平線に昇る。上昇宮と同様に惑星配置は、たとえ２人の誕生が１日離れていたとしても影響を受けない可能性もある。上昇宮と惑星配置が似たようなものである双子の場合においても、出生図の違いを読み解くのは難しいように思われる。

　上記に述べた困難を克服する明らかな方法の１つは、分割図を使用することである。それぞれの星座は特別の数の部分に分割される。特定の分割図（ヴァルガ）において、ラグナと惑星の配置はそれぞれの個別の分割図或いは分割数を形成する。

　パラーシャラはショダヴァルガと呼ばれる16の分割図について記述して

いる。これらの分割図は本来類似したチャートを区別するのに役立つだけで
なく、それらは具体的に本人の人生の特定の領域を扱う。このように分割図
の使用は的確で具体的な予言を行うために必要不可欠なものである。

　パラーシャラが挙げた16の分割図は次のようなものである。

　1．ラーシチャート或いは完全な星座（30度）
　2．ホーラ或いは半分の星座（15度）
　3．ドレッカナは3分の1の星座（10度）
　4．チャトルシャムシャは4分の1の星座（7度30分）
　5．シャプタムシャは7分の1の星座（4度17分8.5秒）
　6．ナヴァムシャは9分の1の星座（3度20分）
　7．ダシャマンシャは10分の1の星座（3度）
　8．ドゥヴァダシャムシャは12分の1の星座（2度30分）
　9．ショダシャムシャは16分の1の星座（1度52分30秒）
　10．ヴィムシャムシャは12分の1の星座（1度30分）
　11．チャトゥルヴィムシャムシャは24分の1の星座（1度15分）
　12．バームシャ（シャプタ-ヴィムシャムシャ）は27分の1の星座（1度
　　6分40秒）
　13．トゥリムシャムシャは30分の1の星座（1度）
　14．カーヴェダムシャは40分の1の星座（0度45分）
　15．アクシャヴェダムシャは45分の1の星座（0度40分）
　16．シャスティアムシャは60分の1の星座（0度30分）

これらの16の分割図は以下に簡潔に述べられる。

　1．ラーシ：これは30度のフルサインを扱っている。ラーシチャートは、
　　基本的なホロスコープである。ここでは、ラグナは誕生時間に水平線上
　　に昇ってくる星座によって決まる。惑星は獣帯に占める星座上に配置さ
　　れる。

2．ホーラ（表10-1）：ここでは、星座は15度ずつ2つの部分に分割され、以下のようになる。

(a)　奇数星座にある最初の15度は太陽（或いは獅子座）に属する。そして2番目の15度は月（或いは蟹座サイン）に属する。

(b)　偶数星座に最初の15度は月（或いは蟹座）に属する。そして2番目の15度は太陽（或いは獅子座）に属する。

表10-1 | ホーラチャート:第2分割図

ダシャムシャ↓	星座→	1	2	3	4	5	6	7	8	9	10	11	12
1	0° - 15°	S	M	S	M	S	M	S	M	S	M	S	M
2	15° - 30°	M	S	M	S	M	S	M	S	M	S	M	S

3．ドレッカナ（表10-2）：星座が10度ずつ3つの部分に分割される時、それぞれのパートはドレッカナと呼ばれる。それぞれの星座において、最初のドレッカナは同じ星座に属し、2番目のドレッカナはそこから5番目の星座となり、3番目のドレッカナはそこから9番目の星座となる。

表10-2 | ドレッカナチャート:第3分割図

ドレッカナ↓	星座→	1	2	3	4	5	6	7	8	9	10	11	12
1	0° - 10°	1	2	3	4	5	6	7	8	9	10	11	12
2	10° - 20°	5	6	7	8	9	10	11	12	1	2	3	4
3	20° - 30°	9	10	11	12	1	2	3	4	5	6	7	8

4．チャトゥルシャムシャ（表10-3）：これは星座の4分の1、即ち7度13分に等しいものを含む。ここで、最初の7度30分は同じ星座に属する。2番目の7度13分（7度13分から15度）はそこから4番目の星座にくる。3番目の7度30分（15度から22度30分）はそこから7番目の星座にくる。最後の4番目（22度30分から30度）はそこから10番目の星座にくる。

表10-3 │ チャトゥルシャムシャチャート:第4分割図

星座→ チャトゥルシャムシャ↓		1	2	3	4	5	6	7	8	9	10	11	12
1	0° – 7°30′	1	2	3	4	5	6	7	8	9	10	11	12
2	7°30′ – 15°	4	5	6	7	8	0	10	11	12	1	2	3
3	15° – 22°30′	7	8	9	10	11	12	1	2	3	4	5	6
4	22°30′ – 30°	10	11	12	1	2	3	4	5	6	7	8	9

　5．シャプタムシャ（表10-4）：30度の星座が7つの等しい部分に分割される（それぞれが4度17分8.5秒）奇数星座において、関係する奇数星座からの正規の順序で7つの部分が7つの星座に属する。偶数星座において最初の部分はそれから7番目の星座に属する。残りの6つの星座は通常の順序に従う。

表10-4 │ シャプタムシャチャート:第7分割図

シャプタムシャ↓	星座→	1	2	3	4	5	6	7	8	9	10	11	12
1	0° – 04°17′08″	1	8	3	10	5	12	7	2	9	4	11	6
2	04°17′08″ – 08°34′17″	2	9	4	11	6	1	8	3	10	5	12	7
3	08°34′17″ – 12°51′25″	3	10	5	12	7	2	9	4	11	6	1	8
4	12°51′25″ – 17°08′34″	4	11	6	1	8	3	10	5	12	7	2	9
5	17°08′34″ – 21°25′43″	5	12	7	2	9	4	11	6	1	8	3	10
6	21°25′43″ – 25°42′51″	6	1	8	3	10	5	12	7	2	9	4	11
7	25°42′51″ – 30°00′00″	7	2	9	4	11	6	1	8	3	10	5	12

　6．ナヴァムシャ（表10-5）：これは分割図の中で最も重要な分割図である。ここでそれぞれの星座がそれぞれ3度20分の等しい部分に分割される。活動星座において、最初のナヴァムシャは同じ星座に属する。そして残りの8つのナヴァムシャはそこから通常の順序になる。固着星座

において、最初のナヴァムシャはそこから9番目のハウスにある星座に属する。柔軟星座において、最初のナヴァムシャはそこから5番目のハウスにある星座に属する。惑星はラーシの位置よりもナヴァムシャにより確実に影響を与えると言われている。惑星がナヴァムシャチャートにおいてラーシの位置と同じ星座にある時、ヴァルゴッタマと呼ばれる。それは高い吉意を示す位置である。

表10-5│ナヴァムシャチャート:第9分割図

ナヴァムシャ↓	星座→	1	2	3	4	5	6	7	8	9	10	11	12
1	3°20′	1	10	7	4	1	10	7	4	1	10	7	4
2	6°40′	2	11	8	5	2	11	8	5	2	11	8	5
3	10°00′	3	12	9	6	3	12	9	6	3	12	9	6
4	13°20′	4	1	10	7	4	1	10	7	4	1	10	7
5	16°40′	5	2	11	8	5	2	11	8	5	2	11	8
6	20°00′	6	3	12	9	6	3	12	9	6	3	12	9
7	23°20′	7	4	1	10	7	4	1	10	7	4	1	10
8	26°40′	8	5	2	11	8	5	2	11	8	5	2	11
9	30°00′	9	6	3	12	9	6	3	12	9	6	3	12

7. ダシャマンシャ（表10-6）：それぞれのダシャマンシャの分割図は3度で構成される。奇数星座において、最初の3度は同じ星座にあり、次の3度は順番に次の星座にある等々。偶数星座において、最初の3度はそこから9番目の星座にあり、次の3度は次の（或いは10番目の）星座にある等々。

8. ドゥバダシャムシャ（表10-7）：これは星座の12分の1を含む。そして2度30分に等しい。最初の星座のドゥバダシャムシャは同じ星座に属する。残りの11のドゥバダシャムシャは通常の順番で続いて11の星座に入る。

表10-6 | ダシャマンシャチャート:第10分割図

星座→ ダシャマンシャ↓		1	2	3	4	5	6	7	8	9	10	11	12
1	0° – 3°	1	10	3	12	5	2	7	4	9	6	11	8
2	3° – 6°	2	11	4	1	6	3	8	5	10	7	12	9
3	6° – 9°	3	12	5	2	7	4	9	6	11	8	1	10
4	9° – 12°	4	1	6	3	8	5	10	7	12	9	2	11
5	12° – 15°	5	2	7	4	9	6	11	8	1	10	3	12
6	15° – 18°	6	3	8	5	10	7	12	9	2	11	4	1
7	18° – 21°	7	4	9	6	11	8	1	10	3	12	5	2
8	21° – 24°	8	5	10	7	12	9	2	11	4	1	6	3
9	24° – 27°	9	6	11	8	1	10	3	12	5	2	7	4
10	27° – 30°	10	7	12	9	2	11	4	1	6	3	8	5

表10-7 | ドゥバダシャムシャチャート:第12分割図

星座→ ドゥバダシャムシャ↓		1	2	3	4	5	6	7	8	9	10	11	12
1	0° – 2°30′	1	2	3	4	5	6	7	8	9	10	11	12
2	2°30′ – 5°00′	2	3	4	5	6	7	8	9	10	11	12	1
3	5°00′ – 7°30′	3	4	5	6	7	8	9	10	11	12	1	2
4	7°30′ – 10°00′	4	5	6	7	8	9	10	11	12	1	2	3
5	10°00′ – 12°30′	5	6	7	8	9	10	11	12	1	2	3	4
6	12°30′ – 15°00′	6	7	8	9	10	11	12	1	2	3	4	5
7	15°00′ – 17°30′	7	8	9	10	11	12	1	2	3	4	5	6
8	17°30′ – 20°00′	8	9	10	11	12	1	2	3	4	5	6	7
9	20°00′ – 22°30′	9	10	11	12	1	2	3	4	5	6	7	8
10	22°30′ – 25°00′	10	11	12	1	2	3	4	5	6	7	8	9
11	25°00′ – 27°30′	11	12	1	2	3	4	5	6	7	8	9	10
12	27°30′ – 30°00′	12	1	2	3	4	5	6	7	8	9	10	11

9．ショダシャムシャ（表10-8）：ここでは、それぞれ16に分割された星座は1°52′30″を構成する。活動星座において最初のショダシャムシャは牡羊座からスタートする。次は牡牛座であり魚座である12番目までその順でいく。13番目のショダシャムシャから、再び牡羊座から始まり16番目のショダシャムシャが蟹座に来るまで同じやり方が続く。

固着星座において、最初のショダシャムシャは獅子座であり最後は蠍座である。柔軟星座において、最初のショダシャムシャは射手座であり最後は魚座である。

表10-8 │ ショダシャムシャチャート:第16分割図

ショダシャムシャ↓	星座→	1	2	3	4	5	6	7	8	9	10	11	12
1	0° – 1°52′30″	1	5	9	1	5	9	1	5	9	1	5	9
2	– 3°45′00″	2	6	10	2	6	10	2	6	10	2	6	10
3	– 5°37′30″	3	7	11	3	7	11	3	7	11	3	7	11
4	– 7°30′00″	4	8	12	4	8	12	4	8	12	4	8	12
5	– 9°22′30″	5	9	1	5	9	1	5	9	1	5	9	1
6	– 11°15′00″	6	10	2	6	10	2	6	10	2	6	10	2
7	– 13°07′30″	7	11	3	7	11	3	7	11	3	7	11	3
8	– 15°00′00″	8	12	4	8	12	4	8	12	4	8	12	4
9	– 16°52′30″	9	1	5	9	1	5	9	1	5	9	1	5
10	– 18°45′00″	10	2	6	10	2	6	10	2	6	10	2	6
11	– 20°37′30″	11	3	7	11	3	7	11	3	7	11	3	7
12	– 22°30′00″	12	4	8	12	4	8	12	4	8	12	4	8
13	– 24°22′30″	1	5	9	1	5	9	1	5	9	1	5	9
14	– 26°15′00″	2	6	10	2	6	10	2	6	10	2	6	10
15	– 28°07′30″	3	7	11	3	7	11	3	7	11	3	7	11
16	– 30°00′00″	4	8	12	4	8	12	4	8	12	4	8	12

10．ヴィムシャムシャ（表10-9）：これは1度30分の弧を尺度とする星座の20分割である。活動星座における牡羊座から始まり、射手座におい

て固着星座、獅子座において柔軟星座、続いて起こる20分割図は引き続き順番にぞれぞれの星座になる。

表10-9│ヴィムシャムシャチャート:第20分割図

ヴィムシャムシャ↓	星座→	1	2	3	4	5	6	7	8	9	10	11	12
1	0°00′ – 1°30′	1	9	5	1	9	5	1	9	5	1	9	5
2	1°30′ – 3°00′	2	10	6	2	10	6	2	10	6	2	10	6
3	3°00′ – 4°30′	3	11	7	3	11	7	3	11	7	3	11	7
4	4°30′ – 6°00′	4	12	8	4	12	8	4	12	8	4	12	8
5	6°00′ – 7°30′	5	1	9	5	1	9	5	1	9	5	1	9
6	7°30′ – 9°00′	6	2	10	6	2	10	6	2	10	6	2	10
7	9°00′ – 10°30′	7	3	11	7	3	11	7	3	11	7	3	11
8	10°30′ – 12°00′	8	4	12	8	4	12	8	4	12	8	4	12
9	12°00′ – 13°30′	9	5	1	9	5	1	9	5	1	9	5	1
10	13°30′ – 15°00′	10	6	2	10	6	2	10	6	2	10	6	2
11	15°00′ – 16°30′	11	7	3	11	7	3	11	7	3	11	7	3
12	16°30′ – 18°00′	12	8	4	12	8	4	12	8	4	12	8	4
13	18°00′ – 19°30′	1	9	5	1	9	5	1	9	5	1	9	5
14	19°30′ – 21°00′	2	10	6	2	10	6	2	10	6	2	10	6
15	21°00′ – 22°30′	3	11	7	3	11	7	3	11	7	3	11	7
16	22°30′ – 24°00′	4	12	8	4	12	8	4	12	8	4	12	8
17	24°00′ – 25°30′	5	1	9	5	1	9	5	1	9	5	1	9
18	25°30′ – 27°00′	6	2	10	6	2	10	6	2	10	6	2	10
19	27°00′ – 28°30′	7	3	11	7	3	11	7	3	11	7	3	11
20	28°30′ – 30°00′	8	4	12	8	4	12	8	4	12	8	4	12

11. チャトゥルヴィムシャムシャ或いはシッダムシャ（表10-10）：これらの尺度はそれぞれ1度15分である。奇数星座は獅子座から始まり、偶数星座は山羊座から始まる24分割のチャトゥルヴィムシャムシャがある。引き続くチャトゥルヴィムシャムシャの順番は正規の順序に従う。

表10-10｜チャトゥルヴィムシャムシャチャート:第24分割図

チャトゥルヴィムシャムシャ↓	星座→	1	2	3	4	5	6	7	8	9	10	11	12
1	0°00′ – 1°15′	5	4	5	4	5	4	5	4	5	4	5	4
2	1°15′ – 2°30′	6	5	6	5	6	5	6	5	6	5	6	5
3	2°30′ – 3°45′	7	6	7	6	7	6	7	6	7	6	7	6
4	3°45′ – 5°00′	8	7	8	7	8	7	8	7	8	7	8	7
5	5°00′ – 6°15′	9	8	9	8	9	8	9	8	9	8	9	8
6	6°15′ – 7°30′	10	9	10	9	10	9	10	9	10	9	10	9
7	7°30′ – 8°45′	11	10	11	10	11	10	11	10	11	10	11	10
8	8°45′ – 10°00′	12	11	12	11	12	11	12	11	12	11	12	11
9	10°00′ – 11°15′	1	12	1	12	1	12	1	12	1	12	1	12
10	11°15′ – 12°30′	2	1	2	1	2	1	2	1	2	1	2	1
11	12°30′ – 13°45′	3	2	3	2	3	2	3	2	3	2	3	2
12	13°45′ – 15°00′	4	3	4	3	4	3	4	3	4	3	4	3
13	15°00′ – 16°15′	5	4	5	4	5	4	5	4	5	4	5	4
14	16°15′ – 17°30′	6	5	6	5	6	5	6	5	6	5	6	5
15	17°30′ – 18°45′	7	6	7	6	7	6	7	6	7	6	7	6
16	18°45′ – 20°00′	8	7	8	7	8	7	8	7	8	7	8	7
17	20°00′ – 21°15′	9	8	9	8	9	8	9	8	9	8	9	8
18	21°15′ – 22°30′	10	9	10	9	10	9	10	9	10	9	10	9
19	22°30′ – 23°45′	11	10	11	10	11	10	11	10	11	10	11	10
20	23°45′ – 25°00′	12	11	12	11	12	11	12	11	12	11	12	11
21	25°00′ – 26°15′	1	12	1	12	1	12	1	12	1	12	1	12
22	26°15′ – 27°30′	2	1	2	1	2	1	2	1	2	1	2	1
23	27°30′ – 28°45′	3	2	3	2	3	2	3	2	3	2	3	2
24	28°45′ – 30°00′	4	3	4	3	4	3	4	3	4	3	4	3

12. バームシャ或いはシャプタヴィムシャムシャ（表10-11）：1星座に27バームシャ（それぞれ1度6分40秒）がある。火の星座において（1、

5　そして9）、それらは牡羊座から始まる。地の星座において（2、
6　そして10）、それらは蟹座から始まる。風の星座において（3、7
そして11）、それらは天秤座から始まる。

　水の星座において（4、8　そして12）、それらは山羊座から始まる。
引き続く順番は通常の正規の順序に従う。

表10-11｜バームシャチャート:第27分割図

バームシャ↓	星座→	1	2	3	4	5	6	7	8	9	10	11	12
1	0 - 1°06′40″	1	4	7	10	1	4	7	10	1	4	7	10
2	- 2°13′20″	2	5	8	11	2	5	8	11	2	5	8	11
3	- 3°20′00″	3	6	9	12	3	6	9	12	3	6	9	12
4	- 4°26′40″	4	7	10	1	4	7	10	1	4	7	10	1
5	- 5°33′20″	5	8	11	2	5	8	11	2	5	8	11	2
6	- 6°40′00″	6	9	12	3	6	9	12	3	6	9	12	3
7	- 7°46′40″	7	10	1	4	7	10	1	4	7	10	1	4
8	- 8°53′20″	8	11	2	5	8	11	2	5	8	11	2	5
9	- 10°00′00″	9	12	3	6	9	12	3	6	9	12	3	6
10	- 11°06′40″	10	1	4	7	10	1	4	7	10	1	4	7
11	- 12°13′20″	11	2	5	8	11	2	5	8	11	2	5	8
12	- 13°20′00″	12	3	6	9	12	3	6	9	12	3	6	9
13	- 14°26′40″	1	4	7	10	1	4	7	10	1	4	7	10
14	- 15°33′20″	2	5	8	11	2	5	8	11	2	5	8	11
15	- 16°40′00″	3	6	9	12	3	6	9	12	3	6	9	12
16	- 17°46′40″	4	7	10	1	4	7	10	1	4	7	10	1
17	- 18°53′20″	5	8	11	2	5	8	11	2	5	8	11	2
18	- 20°00′00″	6	9	12	3	6	9	12	3	6	9	12	3
19	- 21°06′40″	7	10	1	4	7	10	1	4	7	10	1	4
20	- 22°13′20″	8	11	2	5	8	11	2	5	8	11	2	5
21	- 23°20′00″	9	12	3	6	9	12	3	6	9	12	3	6
22	- 24°26′40″	10	1	4	7	10	1	4	7	10	1	4	7

23	- 25°33′20″	11	2	5	8	11	2	5	8	11	2	5	8
24	- 26°40′00″	12	3	6	9	12	3	6	9	12	3	6	9
25	- 27°46′40″	1	4	7	10	1	4	7	10	1	4	7	10
26	- 28°53′20″	2	5	8	11	2	5	8	11	2	5	8	11
27	- 30°00′00″	3	6	9	12	3	6	9	12	3	6	9	12

13. トゥリムシャムシャ（表10-12）：文字どおりに言えば、1星座の30分割である。しかしながら、実際には、それぞれの星座は5つの等しくない部分に分けられている。それぞれの部分は火星から土星への5つの惑星の内の1つに属している。奇数星座において、最初の5度は火星に属し、次の5度は土星に属し、次の8度は木星に属し、続く7度は水星に属し、最後の5度は金星に属する。この順序は偶数星座においては逆になり、金星、水星、木星、土星そして火星はそれぞれ1つの星座において個々に5度、7度、8度、5度そして5度となる。

表10-12 | トリムシャムシャチャート:第30分割図

トゥリムシャムシャ	奇数星座 (1、3、5、7、9、11)		偶数星座 (2、4、6、8、10、12)	
	度数	支配星	度数	支配星
1	0 - 5	火星	0 - 5	金星
2	5 - 10	土星	5 - 12	水星
3	10 - 18	木星	12 - 20	木星
4	18 - 25	水星	20 - 25	土星
5	25 - 30	金星	25 - 30	火星

14. カヴェダムシャ（表10-13）：これは即ち0度45分の弧を尺度とする星座の40分割である。奇数星座において最初のカヴェダムシャは牡羊座である。偶数星座において天秤座である。残りの分割はどちらの場合においても正規の順序に従っている。

表10-13 | カヴェダムシャチャート:第40分割図

カヴェダムシャ↓	星座→	1	2	3	4	5	6	7	8	9	10	11	12
1	00°00′ - 00°45′	1	7	1	7	1	7	1	7	1	7	1	7
2	00°45′ - 01°30′	2	8	2	8	2	8	2	8	2	8	2	8
3	01°30′ - 02°15′	3	9	3	9	3	9	3	9	3	9	3	9
4	02°15′ - 03°00′	4	10	4	10	4	10	4	10	4	10	4	10
5	03°00′ - 03°45′	5	11	5	11	5	11	5	11	5	11	5	11
6	03°45′ - 04°30′	6	12	6	12	6	12	6	12	6	12	6	12
7	04°30′ - 05°15′	7	1	7	1	7	1	7	1	7	1	7	1
8	05°15′ - 06°00′	8	2	8	2	8	2	8	2	8	2	8	2
9	06°00′ - 06°45′	9	3	9	3	9	3	9	3	9	3	9	3
10	06°45′ - 07°30′	10	4	10	4	10	4	10	4	10	4	10	4
11	07°30′ - 08°15′	11	5	11	5	11	5	11	5	11	5	11	5
12	08°15′ - 09°00′	12	6	12	6	12	6	12	6	12	6	12	6
13	09°00′ - 09°45′	1	7	1	7	1	7	1	7	1	7	1	7
14	09°45′ - 10°30′	2	8	2	8	2	8	2	8	2	8	2	8
15	10°30′ - 11°15′	3	9	3	9	3	9	3	9	3	9	3	9
16	11°15′ - 12°00′	4	10	4	10	4	10	4	10	4	10	4	10
17	12°00′ - 12°45′	5	11	5	11	5	11	5	11	5	11	5	11
18	12°45′ - 13°30′	6	12	6	12	6	12	6	12	6	12	6	12
19	13°30′ - 14°15′	7	1	7	1	7	1	7	1	7	1	7	1
20	14°15′ - 15°00′	8	2	8	2	8	2	8	2	8	2	8	2
21	15°00′ - 15°45′	9	3	9	3	9	3	9	3	9	3	9	3
22	15°45′ - 16°30′	10	4	10	4	10	4	10	4	10	4	10	4
23	16°30′ - 17°15′	11	5	11	5	11	5	11	5	11	5	11	5
24	17°15′ - 18°00′	12	6	12	6	12	6	12	6	12	6	12	6
25	18°00′ - 18°45′	1	7	1	7	1	7	1	7	1	7	1	7
26	18°45′ - 19°30′	2	8	2	8	2	8	2	8	2	8	2	8
27	19°30′ - 20°15′	3	9	3	9	3	9	3	9	3	9	3	9
28	20°15′ - 21°00′	4	10	4	2	4	10	4	10	4	10	4	10

29	21°00′ – 21°45′	5	11	5	11	5	11	5	11	5	11	5	11
30	21°45′ – 22°30′	6	12	6	12	6	12	6	12	6	12	6	12
31	22°30′ – 23°15′	7	1	7	1	7	1	7	1	7	1	7	1
32	23°15′ – 24°00′	8	2	8	2	8	2	8	2	8	2	8	2
33	24°00′ – 24°45′	9	3	9	3	9	3	9	3	9	3	9	3
34	24°45′ – 25°30′	10	4	10	4	10	4	10	4	10	4	10	4
35	25°30′ – 26°15′	11	5	11	5	11	5	11	5	11	5	11	5
36	26°15′ – 27°00′	12	6	12	6	12	6	12	6	12	6	12	6
37	27°00′ – 27°45′	1	7	1	7	1	7	1	7	1	7	1	7
38	27°45′ – 28°30′	2	8	2	8	2	8	2	8	2	8	2	8
39	28°30′ – 29°15′	3	9	3	9	3	9	3	9	3	9	3	9
40	29°15′ – 30°00′	4	10	4	10	4	10	4	10	4	10	4	10

15. アクシャヴィダムシャ（表10-14）：ここではそれぞれの星座は0度40分の弧を尺度として45分割される。活動星座において最初の分割は牡羊座になる。固着星座において獅子座、柔軟星座において射手座になる。残りの分割は通常の正規の順序に従う。

表10-14 ｜ アクシャヴィダムシャチャート：第45分割図

アクシャヴィダムシャ↓	星座→	1	2	3	4	5	6	7	8	9	10	11	12
1	00°00′ – 00°40′	1	5	9	1	5	9	1	5	9	1	5	9
2	00°40′ – 01°20′	2	6	10	2	6	10	2	6	10	2	6	10
3	01°20′ – 02°00′	3	7	11	3	7	11	3	7	11	3	7	11
4	02°00′ – 02°40′	4	8	12	4	8	12	4	8	12	4	8	12
5	02°40′ – 03°20′	5	9	1	5	9	1	5	9	1	5	9	1
6	03°20′ – 04°00′	6	10	2	6	10	2	6	10	2	6	10	2
7	04°00′ – 04°40′	7	11	3	7	11	3	7	11	3	7	11	3
8	04°40′ – 05°20′	8	12	4	8	12	4	8	12	4	8	12	4
9	05°20′ – 06°00′	9	1	5	9	1	5	9	1	5	9	1	5

10	06°00′ – 06°40′	10	2	6	10	2	6	10	2	6	10	2	6
11	06°40′ – 07°20′	11	3	7	11	3	7	11	3	7	11	3	7
12	07°20′ – 08°00′	12	4	8	12	4	8	12	4	8	12	4	8
13	08°00′ – 08°40′	1	5	9	1	5	9	1	5	9	1	5	9
14	08°40′ – 09°20′	2	6	10	2	6	10	2	6	10	2	6	10
15	09°20′ – 10°00′	3	7	11	3	7	11	3	7	11	3	7	11
16	10°00′ – 10°40′	4	8	12	4	8	12	4	8	12	4	8	12
17	10°40′ – 11°20′	5	9	1	5	9	1	5	9	1	5	9	1
18	11°20′ – 12°00′	6	10	2	6	10	2	6	10	2	6	10	2
19	12°00′ – 12°40′	7	11	3	7	11	3	7	11	3	7	11	3
20	12°40′ – 13°20′	8	12	4	8	12	4	8	12	4	8	12	4
21	13°20′ – 14°00′	9	1	5	9	1	5	9	1	5	9	1	5
22	14°00′ – 14°40′	10	2	6	10	2	6	10	2	6	10	2	6
23	14°40′ – 15°20′	11	3	7	11	3	7	11	3	7	11	3	7
24	15°20′ – 16°00′	12	4	8	12	4	8	12	4	8	12	4	8
25	16°00′ – 16°40′	1	5	9	1	5	9	1	5	9	1	5	9
26	16°40′ – 17°20′	2	6	10	2	6	10	2	6	10	2	6	10
27	17°20′ – 18°00′	3	7	11	3	7	11	3	7	11	3	7	11
28	18°00′ – 18°40′	4	8	12	4	8	12	4	8	12	4	8	12
29	18°40′ – 19°20′	5	9	1	5	9	1	5	9	1	5	9	1
30	19°20′ – 20°00′	6	10	2	6	10	2	6	10	2	6	10	2
31	20°00′ – 20°40′	7	11	3	7	11	3	7	11	3	7	11	3
32	20°40′ – 21°20′	8	12	4	8	12	4	8	12	4	8	12	4
33	21°20′ – 22°00′	9	1	5	9	1	5	9	1	5	9	1	5
34	22°00′ – 22°40′	10	2	6	10	2	6	10	2	6	10	2	6
35	22°40′ – 23°20′	11	3	7	11	3	7	11	3	7	11	3	7
36	23°20′ – 24°00′	12	4	8	12	4	8	12	4	8	12	4	8
37	24°00′ – 24°40′	1	5	9	1	5	9	1	5	9	1	5	9
38	24°40′ – 25°20′	2	6	10	2	6	10	2	6	10	2	6	10
39	25°20′ – 26°00′	3	7	11	3	7	11	3	7	11	3	7	11
40	26°00′ – 26°40′	4	8	12	4	8	12	4	8	12	4	8	12

		1	2	3	4	5	6	7	8	9	10	11	12
41	26°40′ – 27°20′	5	9	1	5	9	1	5	9	1	5	9	1
42	27°20′ – 28°00′	6	10	2	6	10	2	6	10	2	6	10	2
43	28°00′ – 28°40′	7	11	3	7	11	3	7	11	3	7	11	3
44	28°40′ – 29°20′	8	12	4	8	12	4	8	12	4	8	12	4
45	29°20′ – 30°00′	9	1	5	9	1	5	9	1	5	9	1	5

16. シャスティアムシャ（表10-15）：これは0度40分の弧を尺度とした星座の60分割である。非常に細かいので、正しくあるためには非常に正確な時間の記録を必要とする。聖パラーシャラは、この分割図の予言での使用を強調している。しかしながら、実際に、正しいシャスティアムシャを見つけるための正確な時間の記録はまれである。星座において最初のシャスティアムシャは同じ星座から始まる。続いてシャスティアムシャは正規の順序に従って引き続く星座に従う。

表10-15 ｜ シャスティアムシャチャート：第60分割図

シャスティアムシャ↓	星座→	1	2	3	4	5	6	7	8	9	10	11	12
1	00°00′ – 00°30′	1	2	3	4	5	6	7	8	9	10	11	12
2	00°30′ – 01°00′	2	3	4	5	6	7	8	9	10	11	12	1
3	01°00′ – 01°30′	3	4	5	6	7	8	9	10	11	12	1	2
4	01°30′ – 02°00′	4	5	6	7	8	9	10	11	12	1	2	3
5	02°00′ – 02°30′	5	6	7	8	9	10	11	12	1	2	3	4
6	02°30′ – 03°00′	6	7	8	9	10	11	12	1	2	3	4	5
7	03°00′ – 03°30′	7	8	9	10	11	12	1	2	3	4	5	6
8	03°30′ – 04°00′	8	9	10	11	12	1	2	3	4	5	6	7
9	04°00′ – 04°30′	9	10	11	12	1	2	3	4	5	6	7	8
10	04°30′ – 05°00′	10	11	12	1	2	3	4	5	6	7	8	9
11	05°00′ – 05°30′	11	12	1	2	3	4	5	6	7	8	9	10
12	05°30′ – 06°00′	12	1	2	3	4	5	6	7	8	9	10	11
13	06°00′ – 06°30′	1	2	3	4	5	6	7	8	9	10	11	12
14	06°30′ – 07°00′	2	3	4	5	6	7	8	9	10	11	12	1

15	07°00′ – 07°30′	3	4	5	6	7	8	9	10	11	12	1	2
16	07°30′ – 08°00′	4	5	6	7	8	9	10	11	12	1	2	3
17	08°00′ – 08°30′	5	6	7	8	9	10	11	12	1	2	3	4
18	08°30′ – 09°00′	6	7	8	9	10	11	12	1	2	3	4	5
19	09°00′ – 09°30′	7	8	9	10	11	12	1	2	3	4	5	6
20	09°30′ – 10°00′	8	9	10	11	12	1	2	3	4	5	6	7
21	10°00′ – 10°30′	9	10	11	12	1	2	3	4	2	6	7	8
22	10°30′ – 11°00′	10	11	12	1	2	3	4	5	6	7	8	9
23	11°00′ – 11°30′	11	12	1	2	3	4	5	6	7	8	9	10
24	11°30′ – 12°00′	12	1	2	3	4	5	6	7	8	9	10	11
25	12°00′ – 12°30′	1	2	3	4	5	6	7	8	9	10	11	12
26	12°30′ – 13°00′	2	3	4	5	6	7	8	9	10	11	12	1
27	13°00′ – 13°30′	3	4	5	6	7	8	9	10	11	12	1	2
28	13°30′ – 14°00′	4	5	6	7	8	9	10	11	12	1	2	3
29	14°00′ – 14°30′	5	6	7	8	9	10	11	12	1	2	3	4
30	14°30′ – 15°00′	6	7	8	9	10	11	12	1	2	3	4	5
31	15°00′ – 15°30′	7	8	9	10	11	12	1	2	3	4	5	6
32	15°30′ – 16°00′	8	9	10	11	12	1	2	3	4	5	6	7
33	16°00′ – 16°30′	9	10	11	12	1	2	3	4	5	6	7	8
34	16°30′ – 17°00′	10	11	12	1	2	3	4	5	6	7	8	9
35	17°00′ – 17°30′	11	12	1	2	3	4	5	6	7	8	9	10
36	17°30′ – 18°00′	12	1	2	3	4	5	6	7	8	9	10	11
37	18°00′ – 18°30′	1	2	3	4	5	6	7	8	9	10	11	12
38	18°30′ – 19°00′	2	3	4	5	6	7	8	9	10	11	12	1
39	19°00′ – 19°30′	3	4	5	6	7	8	9	10	11	12	1	2
40	19°30′ – 20°00′	4	5	6	7	8	9	10	11	12	1	2	3
41	20°00′ – 20°30′	5	6	7	8	9	10	11	12	1	2	3	4
42	20°30′ – 21°00′	6	7	8	9	10	11	12	1	2	3	4	5
43	21°00′ – 21°30′	7	8	9	10	11	12	1	2	3	4	5	6
44	21°30′ – 22°00′	8	9	10	11	12	1	2	3	4	5	6	7
45	22°00′ – 22°30′	9	10	11	12	1	2	3	4	5	6	7	8
46	22°30′ – 23°00′	10	11	12	1	2	3	4	5	6	7	8	9
47	23°00′ – 23°30′	11	12	1	2	3	4	5	6	7	8	9	10

48	23°30′ − 24°00′	12	1	2	3	4	5	6	7	8	9	10	11
49	24°00′ − 24°30′	1	2	3	4	5	6	7	8	9	10	11	12
50	24°30′ − 25°00′	2	3	4	5	6	7	8	9	10	11	12	1
51	25°00′ − 25°30′	3	4	5	6	7	8	9	10	11	12	1	2
52	25°30′ − 26°00′	4	5	6	7	8	9	10	11	12	1	2	3
53	26°00′ − 26°30′	5	6	7	8	9	10	11	12	1	2	3	4
54	26°30′ − 27°00′	6	7	8	9	10	11	12	1	2	3	4	5
55	27°00′ − 27°30′	7	8	9	10	11	12	1	2	3	4	5	6
56	27°30′ − 28°00′	8	9	10	11	12	1	2	3	4	5	6	7
57	28°00′ − 28°30′	9	10	11	12	1	2	3	4	5	6	7	8
58	28°30′ − 29°00′	10	11	12	1	2	3	4	5	6	7	8	9
59	29°00′ − 29°30′	11	12	1	2	3	4	5	6	7	8	9	10
60	29°30′ − 30°00′	12	1	2	3	4	5	6	7	8	9	10	11

【注記】

　タジカシステム或いは年間チャートのヒンドゥー方式において、いくつかの付加的な特別のチャートが用いられる。しかし、これらはここでは言及しない。

16分割図の適用

　ホロスコープの16の分割図は、以下に述べられる特定分野を取り扱うと思われる。

1．ラグナ或いはラーシチャート：出生者の身体的健康状態
2．ホーラ：財と繁栄
3．ドレッカナ：兄弟姉妹、彼らの健康状態
4．チャトゥルシャムシャ：幸運；住居
5．シャプタムシャ：子供と孫
6．ナヴァムシャ：配偶者
7．ダシャマンシャ：何らかの特定の利益、本人の職業

8．ドゥヴァダシャムシャ：父親と母親

9．ショダシャムシャ：乗り物・馬・象等からの喜びとトラブル

10．ヴィムシャムシャ：精神性の追求、悔悛

11．チャトゥルヴィムシャムシャ：教育、学習

12．バームシャ：強さと弱さ

13．トゥリムシャムシャ：悲惨、トラブル

14．カーヴェダムシャ：吉事と凶事の出来事

15．アクシャヴェダムシャ：すべてのことが関わる

16．シャスティアムシャ：すべてのことが関わる

【注記】

1．ナヴァムシャは実際に役に立ち最も用いられる分割図である。ラーシチャートにおける予測は何らかの予測をする前にナヴァムシャチャートにおいて確認されなければならない。惑星はラーシチャートにおける表示を参考にしてナヴァムシャチャートの配置に応じて結果を与えると言われている。

2．マナサガリは7つの分割図に割り当てられる次の領域をもつ。

(a) ラグナ：身体と精神

(b) ホーラ：財

(c) ドレッカナ：過去のカルマの結果

(d) シャプタムシャ：兄第姉妹の数

(e) ナヴァムシャ：関係するすべてのこと

(f) ドゥヴァダシャムシャ：婚約者

(g) トゥリムシャムシャ：死

3．シャプタムシャは本人の性格や気質を確かめるためにもまた使用される。

4．カーヴェダムシャとアクシャヴェーダムシャはすべての惑星の強さを決定するために用いられる。

 # 16分割図のサブグループ

　占星術に熟知している人々は、必ずしも上記に述べられたすべての16分割図を使用するわけではない。これらのうち4つのグループが考慮される。それぞれのグループにおいて、異なる分割図の相対的な重要性は変化する。20単位に匹敵するように4グループのどれにおいてもいろいろな分割図の

関係づけられた評価を考慮することが慣例である。これらの４つのグループとそれらを構成する分割図の相対的評価は次のようである。

A　シャドヴァルガ或いは6分割図

分割図	相対的評価
1．ラーシ	6
2．ホーラ	2
3．ドレッカナ	4
4．ナヴァムシャ	5
5．ドゥヴァダシャムシャ	2
6．トゥリムシャムシャ	1
合計	20単位

B　シャプタヴァルガ或いは7分割図

分割図	相対的評価
1．ラーシ	5
2．ホーラ	2
3．ドレッカナ	3
4．シャプタムシャ	2.5
5．ナヴァムシャ	4.5
6．ドゥヴァダシャムシャ	2
7．トゥリムシャムシャ	1
合計	20単位

C　ダシャヴァルガ或いは10分割図

分割図	相対的評価
1．ラグナ	3
2．シャスティアムシャ	5
3．ホーラ	1.5
4．ドレッカナ	1.5
5．シャプタムシャ	1.5
6．ナヴァムシャ	1.5
7．ダシャムシャ	1.5

8. ドゥヴァダシャムシャ	1.5
9. ショダシャムシャ	1.5
10. トゥリムシャムシャ	1.5
合計	20単位

D　ショダシャヴァルガ或いは16分割

分割図	相対的評価
1. ラーシ	3.5
2. ホーラ	1
3. ドレッカナ	1
4. トリムシャムシャ	1
5. ナヴァムシャ	3
6. ショダシャムシャ	2
7. シャスティアムシャ	4
8. チャトゥルシャムシャ	0.5
9. シャプタムシャ	0.5
10. ダシャムシャ	0.5
11. ドゥヴァダシャムシャ	0.5
12. ヴィムシャムシャ	0.5
13. チャトゥルヴィムシャムシャ	0.5
14. バームシャ	0.5
15. カヴェダムシャ	0.5
16. アクシャヴェダムシャ	0.5
合計	20単位

【注記】

　ダシャヴァルガとショダヴァルガの中のシャスティアムシャ（16分割図）の相対的な重要性を理解することが重要である。しかしながら、分割図は非常に微妙な面があり、最も的確な出生時間が重要であるので、シャスティアムシャは実際にはほとんど使用されない。

11

副惑星

> 火が煙に覆われ、
> 鏡が穢れに覆われ、
> 胎児が羊膜に覆われるように、
> この世はそれ（欲望、怒り）に覆われている。
>
> 「バガヴァバッド・ギータ第3章38」（上村勝彦訳　岩波文庫）より

　インド占星術において、特別な重要性をもつある数学的なポイントがある。それらは実体としての存在ではない。しかしながら、それらはマイナーグラハ或いは副惑星として機能し、アプラクシャグラハ或いは光のない惑星と呼ばれる。これらの計算や解釈は占星術師に余分な負担を与えるので、大部分の占星術師は実際には使用しない。しかしながら、副惑星は研究にとっては非常に肥沃な分野である。副惑星は下記の3つの顕著な表題のもとに議論される。

 ## I　グリカディグループ

　このグループは5つの副惑星から成立している。これらの位置を計算するために、1日（日昇から日没までの時間）が8つに等分して分割される。最

初の部分は、その日の支配星（日曜日に対する太陽、月曜日に対する月、火曜日に対する火星等）に属する。後続の部分は残りの6つの惑星に属する。8番目の部分に支配星はない。土星によって支配された部分はグリカ（或いはマンディ）と呼ばれる。木星によって支配された部分はヤマカンタカと呼ばれる。火星によって支配された部分はムルチュと呼ばれる。太陽のもとにある部分は、カアラ或いはカアラヴェラと呼ばれる。水星によって支配された部分はアルダプラーベラとして知られている。

　もし出生が夜であったならば、その期間（日没から日昇までの時間）は8つの部分に分割される。最初の部分は日の支配星（日曜日に対する木星、月曜日に対する金星、火曜日に対する土星）から順番に5番目の惑星に属する。後続の部分は残りの6つの惑星によって支配されている。8番目の部分は再び支配星はない。いろいろな副惑星はそれらの支配する惑星に属する部分と偶然にも一致する。アセンダントを土星の最後に足す。これはグリカの度数である。アセンダントは他の部分に属する部分の最後の瞬間に計算され、個々の副惑星に度数を与える。

マンディ

　ある人々は、グリカとマンディを区別する。彼らによれば、昼と夜はそれぞれ30ガティ（12時間）である時、昼の出生の人にとっては、マンディは日曜日では26ガティ、月曜日では22ガティ、火曜日では18ガティである。水曜日では14ガティ、木曜日では10ガティ、金曜日では6ガティ、土曜日では2ガティである。

　夜の出生の場合は、昼の場所から5番目に当たるところに数値が与えられていると考えられる。日曜日の夜の始めから10ガティ、月曜日は6ガティ、火曜日は2ガティであり、水曜日は26ガティ等々である。

　また、昼或いは夜の期間が30ガティと違う時、適切な変換が行われなければならない。上記で示された特別な時間のために計算されたアセンダントはマンディの位置を与える。

　マンディの上昇時間の計算のための公式は、

(a) 昼の時間の出生

$$\frac{ガティの昼の期間}{30} \times \quad 26、22、18、14、10、6或いは2$$

日曜日から順番に出生日に従う。

(b) 夜の時間の誕生

$$\frac{ガティの昼の期間}{30} \times \quad 10、6、2、26、22、18或いは14$$

日曜日から順番に出生日に従う。

 # II ドーマディグループ

ここでは、次の5つの副惑星が太陽の度数の操作によって得られる。

(a) ドーマ
   太陽の度数に足す4s 13° 20′ が火星を代表するドーマを生み出す。
(b) ヴィヤチパタ（或いはパタ）
   12星座引くドーマがラーフを代表するヴィヤチパタを生み出す。
(c) パリヴェーシャ（或いはパリーディ）
   月によって支配されたパリヴェーシャを得るためにヴィヤティパータに6つの星座を加える。
(d) インダーチャパ（或いはチャパ、或いはコダンダ）
   金星によって代表されるインダーチャパは12星座からパリヴェーシャを引くことによって得られる。
(e) ケートゥ（或いはウパケートゥ）
   これはインダーチャパに16度40分を加えることによって得られ、ケートゥを代表する。1つの星座によって増加したケートゥは太陽の度数

を生み出す。

 **Ⅲ プラーナパダ**

プラーナパダの星座は15パラ（或いはヴィガティ）に等しい。それぞれのパラ（時計時間で24秒）はプラーナパダの２秒に等しい。プラーナパダの位置を得るために、次のステップを経なければならない。

1．イシュタカーラ或いはガティとパラで述べられている日昇後の出生時間を得る。
2．イシュタラグナをパラスに変換し２倍にする。これはプラナパダの度数を与える（人によってはこれらを星座に変えて30で割って得る度数）。
3．プラナパダは次のように獲得される。
  (i) 活動星座にある太陽
    パラーナパダの度数　＋　太陽の度数
  (ii) 固着星座にある太陽
    パラーナパダの度数　＋　太陽の度数　＋　240度
    （太陽から９室）
  (iii) 柔軟星座にある太陽
    パラーナパダの度数　＋　太陽の度数　＋　120度
    （太陽から５室）

結果は、星座へ変換することが可能なプラーナパダの度数の位置を与える。12星座の倍数が当然に減らされる。

 **異なるハウスにあるグリカ**

グリカは土星の息子と考えられている。それは非常に強い凶星の副惑星で

ある。異なるハウスにあるその結果が簡潔に述べられる。すべての凶星のように、それは第3、6、11室においてよい結果の原因となる。

第1室：病弱の、罪深い、愚かな、短気な、過剰な性的衝動

第2室：不具者の、悲惨な、ひねくれた性質、恥知らずの、貧しい、不道徳な行為に耽る

第3室：よき外見、村のリーダー、有徳な、支配者から尊敬される、裕福な、長生きな、兄弟がいない

第4室：あらゆる癒しの喪失、病弱な、罪深い、ヴァータとピッタの過剰により苦しめられる

第5室：貧困な、不道徳な、短命な、嫉妬深い、性的不能な、優柔不断な、妻によりコントロールされる、他人を悪く言う、無神論者、子供に対する嫌悪

第6室：健康的な、敵の破壊者、よき外見、女性に好かれる、勇敢な、他人に親切な

第7室：妻により支配される、罪人、四肢が弱い、姦通の、愚かな、感謝の念をもたない、友達の欠如、妻の稼ぎで生活する

第8室：悲惨な、飢餓に苦しめられる、残酷な、非常に短気な、財と徳を失う

第9室：邪悪な行為に耽る、残酷な、常識の欠如、裏切者、両親や指導者を傷つける

第10室：息子から恩恵を受ける、いろいろな恩恵、宗教的追求の傾向、別の読者によれば指示された義務を放棄し恥ずべき行為をする

第11室：幸福な、裕福な、良い外見、小さな体の指導者、広く尊敬される、年上の兄弟への敵意

第12室：下劣な行動に耽る、邪悪な、醜い外見、四肢の欠如、怠惰な、堕落した女性と関わる

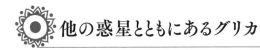# 他の惑星とともにあるグリカ

太陽	：	父親を憎む、父親との短い生活
月	：	母親への敵意
火星	：	年下の兄弟を失う、兄弟からの別離
水星	：	狂気の
木星	：	冒瀆的な異端に耽る
金星	：	道徳性の低い女性と関わる、性病
土星	：	慢性病、短命
ラーフ	：	苦痛、訴訟、毒性の病気
カートゥ	：	苦痛、訴訟、火傷

　他の副惑星の結果は、聖者パラーシャラ他によって記述されている。彼らはこの仕事の範囲を超えた研究領域を構成している。

【注記】
　惑星のアスペクトは、上記に述べられた結果を根本的に修正する。

12

惑星の位置

> 万物の夜において、
> 自己を制する聖者は目覚める。
> 万物が目覚める時、
> それは見つつある聖者の夜である。
>
> 「バガヴァバッド・ギータ第2章68」（上村勝彦訳　岩波文庫）より

　いろいろな惑星から生じる結果は、ある惑星の状態或いはアヴァシャー次第であると言われている。これらの惑星のアヴァシャーの考慮は、いくつかの精妙な予言原則の上に光を放つ。何人かの古典の著者はパラーシャラから遡ってそれらのことに言及しているが、予言占星術に適用できる惑星のアヴァシャーについては多くの研究はされてこなかったように思われる。

　惑星のアヴァシャーはいくつかの見出しのもとに分類される。それらは主にパラーシャラから導き出された情報に従ってここに要約して述べる。

I　バラデアヴァシャー或いは身体的状態

　惑星は、それらが在住する星座の5分の1の部分による5つのアヴァシャーの内の1つに属する。これらの5つのアヴァシャーは以下のとおりである。

1．バラヴァシュタ或いは子供時代の状態

　　０度〜６度　幼年期　奇数星座において

　　24度〜30度　幼年期　偶数星座において

2．クマラヴァシュタ或いは少年時代の状態

　　６度〜12度　少年期　奇数星座において

　　18度〜24度　少年期　偶数星座において

3．ユヴァヴァシュタ或いは成人の状態

　　12度〜18度　青年期　　奇数星座・偶数星座の両方において

4．ヴリダヴァシュタ或いは老人の状態

　　18度〜24度　老年期　奇数星座において

　　６度〜12度　老年期　偶数星座において

5．ムリタヴァシュタ或いは死の状態

　　24〜30度　奇数星座において

　　０〜６度　偶数星座において

　バラヴァシュタにおける惑星は可能性の４分の１だけを満たす。クマラヴァスタにある惑星は可能性の２分の１を満たす。ユヴァヴァシュタにおける惑星はすべての結果を満たす。ヴリダヴァシュタにある惑星は何の約束も生み出さない。ムリタヴァシュタの惑星はなんら役に立つ機能を発揮できないし、良くない結果だけを生み出す。

【注記】

1．パーラディーピカによれば、バラヴァシュタにおける惑星は漸進的によくなると示されている。

2．上記の結果は文字どおりに当てはめてはいけない。

3．惑星は機能しないということはない。それに影響を与えているいろいろな要素に従い、それぞれが良い結果と悪い結果を生み出す。上記に述べられた結果は最終的結論としてとらえてはいけない。

4．上記の表示と惑星のダシャーを相関させることが重要である。研究するべき２つの可能性の高い応用は、以下のとおりである。

(a)　バラヴァシュタの惑星は、ダシャーが始まる時に、それらの結果をすぐに生じる。そしてそれに続くアヴァシャーは、それらが示すダシャー期の間に漸次出てくる。

(b)　惑星は前述の惑星が属するアヴァシャーによって示される人の人生においてその時に結果を生じる。

II ジャグラダディアヴァシャー或いは意識の状態

惑星の意識の水準により、それは3つの状態のどれかになる。

1. ジャグラドアヴァシャー或いは覚醒の状態
    これは惑星が高揚するか定座にある時に生じる。ジャグラドアヴァシャーにある惑星は十分な結果を出すことができる。
2. スワプナヴァシュタ或いは夢見ている状態
    これは惑星が友好ハウスか中立ハウスにある時に獲得する。このような状態の惑星は中程度の結果を得る。
3. シュスプティーアヴァシャー或いは眠っている状態
    これは惑星が減衰か敵対のハウスにある時に生じる。このような状態の惑星はなんらかの機能も果たすことができない。

【注記】
　ジャータカパリジャータによれば、上記の3つの状態はラーシチャートではなくナヴァムシャチャートにおけるいろいろな惑星の配置の基礎の上に立っている。この概念はより適切と思われる。

 III ディプタディアヴァシャー或いは心身の状態

9つの惑星の状態がこの見出しの下に記述される。

1. ディープタディ或いは輝いている
    高揚或いはムーラトリコーナの惑星。このような惑星はそのダシャー期間にある時高い社会的地位、勇気、勇敢、財産、乗り物、王の恩恵と物質的満足を確かなものとする。
2. スヴァシャ或いは安定
    定座にある惑星。このような惑星はそのダシャー期間にある時、よい

健康、教育、名声、土地、妻、支配者からの恩恵、宗教的行為に向かう
傾向が確かめられる。

3．ムディタ或いは喜びの

アディーミトラ或いは総合的友好のハウスに位置している。その可能
性はお金、衣服、香水、宗教的行為、乗り物、装飾品等を含む。

4．シャンタ或いは静かな

友好ハウスにおいて、それは王からの恩恵、莫大な財産、癒し、土地、
経典の研究、瞑想から喜びを得る。

5．ディーナ或いは困難な

中立ハウスにおいて職場や住居の移動、身近な人や親しい人への敵対、
屈辱、病気等が確かなものとなる。

6．ドゥッキ或いは虐待された

敵対ハウスにおいて、そのような惑星のダシャー期間にある時、解任、
外国旅行、身近な人や親しい人との別れ。泥棒や火事や国王からの恐れ
が生じる。

7．ヴィカーラ或いは嘆きと傷つき

凶星との関わりがあると、精神的虐待、友達の死や別れ、妻・子供・
泥棒の手により迷惑を蒙る。

8．カーラ或いは邪悪な

凶星の星座において、喧嘩、父親との別れ、土地や財産の喪失、目下
の者からの屈辱を受ける。

9．クルッダ（コパ）或いは怒りの

太陽との関わり（コンバスト）があると、罪深い行為を犯す傾向、お
金や妻子の喪失、そして眼病になる傾向を示す。

【注記】

何人かの著者はこれらのアヴァシャーに対して、少しずつ変化する名前や性格づけ
を述べた。それらのいくつかは古典作品から取られた。それは次のようなものである。

(a)　シャンタあるいは静かな：吉星の分割図において。

(b)　シャクタあるいは力強い：コンバストではない。これはクルッダの逆である。

(c)　プラーディットあるいは極端に虐待された：コンバスト、それゆえにクルッダ
に等しい。

(d) カーラ或いは邪悪な：惑星戦争に破れた、これは、ピーディッド或いは虐待されたと記される。

(e) ディーナ或いは不十分な：減衰している。

Ⅳ ラジタディアヴァシャー或いは精神状態

それらに関しては6つがある。

1．ラジタディ或いはアヴァシェッド

　　惑星が太陽、火星、土星、ラーフ、ケートゥのどれかに関わり、かつ第5室にある時ラジタディアヴァシャーであると言われる。

　　ラジタディアヴァシャーにある惑星は非宗教的傾向、差別による損失、子供の病気、目的のない彷徨い、喧嘩早い性質へと導く

2．ガルヴィタ或いは欺きの

　　高揚或いはムーラトリコーナにおいてガルヴィタアヴァシャーにある惑星のダシャーにおいて、人は王室の地位・新しい家・学識・財を得る、ビジネスやいろいろな安らぎの高まりを得る。

3．クシュディータ或いは飢え

　　それが敵対のハウスに在住する時、敵対星によってアスペクトされたり関わりのある時、特に土星と関わる時クシュディータアヴァシャーにある惑星は、そのダシャーにおいて悲しみ、精神的苦痛、敵との衝突、金銭的損失、歪んだ理由とすべてのエネルギーの消耗がある。

4．トゥリシタ或いは渇き

　　凶星によりアスペクトされた或いは吉星にアスペクトされないジャラチャラ或いは水の星座の配置のダシャーにおいて、女性と関わる病気に苦しみ、邪悪な行為への傾斜、財の損失、弱さと恥辱がある

5．ムディタ或いは喜び

　　友好星座において、木星とそれと同様に友好星と関わるかアスペクトされるムディタアヴァシャーにおける惑星のダシャーは美しい衣服、装飾品、住むべき大きな空間のある住居。女性からの喜び、土地、大邸宅

の居住、敵の絶滅、研究と学習の進歩を確かなものにする。

6．クショビッタ或いは扇動する

これは惑星が太陽と絡み（コンバスト）、凶星や敵対星によってアスペクトされる時に起こる。

そのダシャーの時期は、貧乏、歪んだ論理、いろいろな苦しみ、財の損失、足の病気、王室の混乱を通じての財の喪失等を引き起こす。

【注記】

クシュディタとクショビタアヴァシャーにおける惑星のアヴァシャーはそれらが在住するハウスを駄目にする。

 # V シャヤナディアヴァシャー或いは心身の状態の傾向

惑星の精神的身体的傾向を示す12の状態がある。それらは以下の順番で参照される。

1．サヤナ或いは仰向けになった
2．ウパヴェシャ或いは座っている
3．ネトラパニ或いは目の上に手
4．プラカシャナ或いは聡明な
5．ガマネクチャ或いは動くのに熱心な
6．ガマナ或いは出発する
7．シャバヤムヴァスティ或いは集合体の中の存在
8．アガマ或いは到着
9．ボジャナ或いは食べること
10．ヌリチャリプシャ或いは踊りたい欲求
11．カウトゥカ或いは喜んで
12．ニドラ或いは眠り

上記のアヴァシャーを決定する方法

関係する惑星に関して次のステップを辿っていく。

(a)　次の3つの数値の結果を見つける。

　(i)　関連する惑星があるナクシャトラの数（アシュヴィニーからの決まった順番で数えて）

　(ii)　自然の数の順番による惑星の数（太陽をNO.1、月をNO.2等でケートゥNo.9まで考える）

　(iii)　惑星がある星座のナヴァムシャの数。ある権威はナヴァムシャの数を考慮する代わりに、その配置にある星座の惑星の実際の度数を考慮する。

(b)　上記の数字に、次の3つの数字の合計を加えよ。

　(i)　誕生日のナクシャトラ（出生の月が出生図に位置するナクシャトラ）を代表する数

　(ii)　ラグナの上昇星座を代表する数（牡羊座を1、牡牛座を2とする等）、そして、

　(iii)　日照時間から生誕時間までの経過したイシュタダンダ或いはガティの数（1ガティは24分に等しい）

(c)　上記に獲得された結果を12で割る。上記に述べられた12のアヴァシャーの1つを代表する数を与える残りの数を記す。

チェスタを決定する

上記で述べた惑星のアヴァシャーを決定した後で、アヴァシャーが結果を生み出す範囲を見つけることが要求される。これを行うためには、以下のステップを経なければならない。

(a)　同じ数を上記に述べられたアヴァシャーを表す数にかける（アヴァシャーを決定する過程の間の最終結果として得られた残りの2乗を見つける）。

(b)　出生図の持ち主の名前の最初の文字を代表する定数をそれに加える。これに関しては添付した表12-1の助けを求めるとよい。

表12-1｜名前の最初の文字の発音（インド式姓名判断）

番号	1	2	3	4	5
名前の最初の文字の発音	अ a	इ i	उ u	ए ae	ओ ae
	क ka	ख kha	ग ga	घ gha	च cha
	छ chha	ज ja	झ jha	ट ta	ठ tha
	ड da	ढ dha	त ta	थ tha	द da
	ध dha	न na	प pa	फ pha	ब ba
	भ bha	म ma	य ya	र ra	ल la
	व va	श sha	ष sha	स sa	ह ha

【注記】
　サンスクリット語のアルファベットは、英語のアルファベットと正確には一致しない。サンスクリット語のアルファベットに従って、出生図の持ち主の最初の名前の文字を知らない人々は適切な助けが必要となる。

(c)　(a)と(b)の合計を12で割り、残り記す。

(d)　上記で得られた残りに対して、惑星のクシェパカ定数を加える。太陽からケートゥまでの惑星に対してクシェパカ定数は、自然の順序で個々に5、2、2、3、5、3、3、4と4である。

(e)　ステップ(d)の後に得られた数値を3で割る。残りが1、2、或いは3（或いは0）であるかで、適切なチェスタがドゥリシュティ、チェスタそしてヴィチェスタと呼ばれる。

　ドゥリシュティにおいてアヴァシャーの結果は普通である。チェスタにおいて結果は強められる。ヴィチェスタにおいてアヴァシャーは最小限の結果を生み出す。
　これらのアヴァシャーやチェスタに関してさらなる詳細に進むことは本書

には記されていない。これらは集中研究の主題となる。

【注記】
　占星術における惑星のアヴァシャーの使用は非常に注意深い配慮を必要とする。ア
ヴァシャーに起因する結果は、特にバラディグループのムリタヴァシャと呼ぶものに
おいて、ジャイミニ占星術の概念を考慮する時、非常に異なった意味をもつ。占星術
師は、ダシャーを用いることなしに惑星のアヴァシャーの基礎の上だけで、特に出来
事のタイミングについて非常に成功した予測を行ったことで知られている。
　1952-53年に即位し今なお女王であり続けている英国エリザベス女王のホロスコー
プをみてほしい。彼女のホロスコープは20度以上の惑星がどのくらいあるかを。

エリザベス女王のチャート　1926年4月21日生

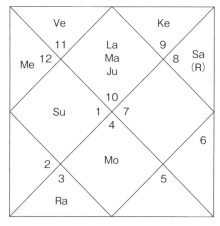

Me	Su	Ra
Ve		Mo
La Ma Ju		
Ke	Sa (R)	

La	ラグナ	1°11′	Ju	木星	29°41′
Su	太陽	7°23′	Sa	土星逆行	1°37′
Mo	月	19°22′	Me	水星	11°51′
Ma	火星	28°03′	Ke	ケートゥ	
Ra	ラーフ	27°17′	Ve	金星	21°08′

　1837年に女王になり1903年に亡くなるまで、66年の統治に及んだ世界で最も強力な
女王として君臨したヴィクトリア女王のホロスコープを再びみる。これはアヴァシャ
ーの徹底した研究を通してだけ説明することができる秘密の隠れた意味をもつことが
指摘される。

ヴィクトリア女王のチャート　1819年5月24日生

Ra Ma Sa	Me Ve	La Su Mo	
Ju			
			Ke

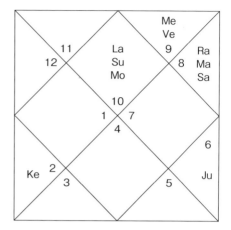

La	ラグナ	10°57′	Ju	木星	25°35′
Su	太陽	10°47′	Sa	土星	7°24′
Mo	月	12°16′	Me	水星	17°36′
Ma	火星	26°20′	Ke	ケートゥ	
Ra	ラーフ	28°23′	Ve	金星	5°27′

13

グラハバラ
或いは惑星の強さ

> 海に水が流れ込む時、
> 海は満たされつつも不動の状態を保つ。
> 同様に、あらゆる欲望が彼の中にあるが、
> 彼は寂静に達する。欲望を求めるものはそれに達しない。
>
> 「バガヴァバッド・ギータ第 2 章70」（上村勝彦訳　岩波文庫）より

　惑星はホロスコープにおける強さ或いは弱さに応じた結果を生み出す。惑星の正確な強さの決定は洗練された数学的操作を必要とする。ここでは惑星の強さを決定することに関わる方式の概要を述べるにとどめた。さらに詳しいことについては、読者はこの主題に関わる適切な書物を参照されたい。

惑星の強さの単位

　ルパとシャスティアムシャは、単位とサブ単位 9 において、惑星の強さを述べるのが通例である。60シャスティアムシャ（サブ単位）が 1 ルパ（単位）となる。

シャドバラ（6要素の強さ）

6つの異なる強さの源泉は惑星の実際の強さを与えることに結びつく。これらの6つの強さの源はシャドバラとして知られ、以下のようなものである。

I　スターナバラ或いは位置の強さ
II　ディグバラ或いは方角の強さ
III　カーラバラ或いは一時的強さ
IV　チェスタバラ或いは動的な強さ
V　ナイサルギカバラ或いは惑星固有の強さ
VI　ドゥリグバラ或いはアスペクトの強さ（即ち、他の惑星のアスペクトから導き出された強さ）

I　スターナバラ

これは惑星の位置の強さであり、以下のものから成り立つ。

1．ウチャバラ
2．シャプターヴァルガジャバラ
3．オジャーラシバラ
4．オジャーユガマ　ナヴァムシャバラ
5．ケンドラディバラ
6．ドレッカナバラ

1．ウチャバラ
　　これは惑星の高揚による強さである。1つの惑星は高揚の正確な度数にある時、1ルパ（60シャスティアムシャ）の強さを得る。それは減衰の正確な度数の時0単位となる。深い高揚と深い減衰の間で、（6星

座の範囲或いは180度にわたる）強さは、60シャスティアムシャから0シャスティアムシャに変化する。惑星の度数のそれぞれ3度が1シャスティアムシャと一致する。

2．シャプターヴァルガジャバラ

シャプターヴァルガは、ラーシ、ホーラ、ドレッカナ、シャプタムシャ、ナヴァムシャ、ドゥヴァダシャムシャ、そしてトリムシャムシャを含む。

(a) ラーシチャート：強さの配分は以下に示されるように、惑星の位置によって変化する。

(i) ムーラトリコーナにおいて　　　　45.000 シャスティアムシャ
(ii) 各惑星の定座において　　　　　30.000 シャスティアムシャ
(iii) 総合的友好星座のハウスにおいて 22.500 シャスティアムシャ
(iv) 友好星座において　　　　　　　15.500 シャスティアムシャ
(v) 中立星座において　　　　　　　 7.500 シャスティアムシャ
(vi) 敵対星座において　　　　　　　 3.750 シャスティアムシャ
(vii) 総合的敵対星座において　　　　 1.875 シャスティアムシャ

(b) 残りの6つの分割図：残りの分割図において、ムーラトリコーナは考慮されない。残りの6つのカテゴリーに関しては上に述べたのと同様な強さを受ける。

各惑星の定座において　　　　　　30.000 シャスティアムシャ
総合的友好星座のハウスにおいて　22.500 シャスティアムシャ
友好星座において　　　　　　　　15.000 シャスティアムシャ
中立星座において　　　　　　　　 7.500 シャスティアムシャ
敵対星座において　　　　　　　　 3.750 シャスティアムシャ
総合的敵対星座において　　　　　 1.875 シャスティアムシャ

3．オジャーユガマ　ラーシバラ

ラーシチャートの偶数星座における月と金星、そして奇数星座における太陽、火星、水星、木星そして土星。それぞれが15シャスティアムシャの力を得る。それ以外のどこにも強さをもたない。

4．オジャーユガマ　ナヴァムシャ

ナヴァムシャチャートの偶数ハウスにおける月と金星、そして奇数ハウスにおける太陽、火星、水星、木星そして土星。それぞれが15シャスティアムシャの力を得る。それ以外のどこにも強さはもたない。

5．ケンドラディバラ

ケンドラに位置する惑星は60シャスティアムシャを獲得する。即ち、パナパラにおいて30シャスティアムシャ、そしてアポークリマにおいて15シャスティアムシャを獲得する。

6．ドレッカナバラ

男性惑星（太陽、火星そして木星）は最初のドレッカナにおいて、中性惑星（水星と土星）は真中のドレッカナにおいて、女性惑星（月と金星）は最後のドレッカナにおいて15シャスティアムシャの強さを獲得する。もしこれらの惑星が記述されたドレッカナからはずれていたら力は得られない。

 ## II ディグバラ（方角の強さ）

これは惑星がその配置の方角ゆえに獲得する強さである。

1．太陽と火星は南（第10室）において強い。それらのどちらかが第10室のカスプに位置する時、それは力に関して1ルパ或いは60シャスティアムシャを受けることを意味する。第4室においては、それぞれが180度離れるので、力に関して0シャスティアムシャを受け入れる。それらの間においては、3度毎に1シャスティアムシャの割合で比率に応じた強さをもっている。

2．月と金星は北（第4室のカスプ）において十分に強い。そして第10室において強さを獲得しない。

3．水星と木星は東（ラグナのカスプ）において十分に強い。そして第7室おいて強さを獲得しない。

4．土星は西（第7室のカスプ）において十分に強い。そしてラグナにお

いて強さを獲得しない。

 III カーラバラ（生まれた瞬間の惑星の配置/位置関係）

これは誕生の瞬間によって決まり、以下の９つの要素から構成されている。

１．ナタウンナタバラ
  (a) 太陽、木星、金星は正確な地方時間正午で、強さに関して60シャスティアムシャを獲得する。正確な地方時間真夜中において強さは０である。その間は比率的に強さが変化する。
  (b) 月、火星、土星は正確な地方時間真夜中において、強さに関して60シャスティアムシャを獲得する。正確な地方正午において力は０である。その間は比率に応じて力が変化する。
  (c) 水星はこの項目の下では、強さに関して60シャスティアムシャを獲得する。

２．パクシャバラ
  (a) 生来的吉星（月、水星、木星、金星）は、太陽と月が180度離れると（つまり満月）、強さに関して60シャスティアムシャを獲得する。２つのルミナリー（太陽と月）が正確にコンジャンクションしている時、それらは０の強さになる。それらの間においては、強さは比率に応じて変化する。
  (b) 生来的凶星（太陽、火星、土星）は、太陽と月が正確にコンジャンクションすると（新月）、強さに関して60シャスティアムシャを獲得する。満月では、それらは０となる。それらの間においては、強さは比率に応じて変化する。
  (c) 上記で獲得した２つに月のパクシャバラを掛ける。これは強さの計算の目的のために月の実際のパクシャバラを与える。

３．トリバガバラ：トリバガはすべての３分の１である。
  (a) 昼の時間の出生にとって：日の長さ（日昇から日没まで）を決定し

それを3で割る。

(i)　最初の3分の1の出生；水星は満点（60シャスティアムシャ）の強さを得る

(ii)　真ん中の3分の1の出生；太陽は満点の強さを得る

(iii)　最後の3分の1の出生；土星は満点の強さを得る

(b)　夜の時間の出生にとって：夜の長さ（日没から」日昇まで）を決定し、それを3つの部分に分ける

(i)　最初の3分の1の出生；月は満点の強さを得る

(ii)　真ん中の3分の1の出生；金星は満点の強さを得る

(iii)　最後の3分の1の出生；火星は満点の強さを得る

(c)　木星は誕生時間がどこであろうとも、この項目の下でいつも満点（60シャスティアムシャ）の強さを得る

4．アダバラ：誕生年の最初の週日の支配星は15シャスティアムシャの強さを得る。ここでは意味するのは西暦ではない。ここで問題となる年は、

(a)　（計算にかかわる特別で退屈な方式がある）創造の始めから計算された360日の1年か

(b)　或いはニラヤナ獣帯の牡羊座へ太陽が参入を始める太陽年である。

5．マーサバラ：出生月の最初の週日の支配星は、30シャスティアムシャの強さを得る。再び問題となる月は西暦のカレンダー月ではない。それは、

(a)　創造の始めから計算して、30日の月か

(b)　ニラヤナ獣帯の星座への毎月の太陽がイングレスを始める太陽月

6．ヴァーラバラ：誕生の週日の支配星は45シャスティアムシャの強さを得る。

7．ホーラバラ：誕生時間に作用するホーラを決定する。その支配星は60シャスティアムシャの強さを得る。

8．アヤナバラ：惑星は南北の赤緯の所有をすることによって強さを獲得する。

(a)　すべての惑星は赤緯0度で30シャスティアムシャの強さを得る。

(b) 太陽、火星、木星、金星は北の赤緯24度（大体23°27′）で満点（60シャスティアムシャ）の強さを得る。南の赤緯で0の強さを得る。

(c) 月と土星は南の赤緯24度（大体23°27′）で満点の強さを得、北の赤緯で0の強さを得る。

(d) 水星は0度の赤緯（強さに関しては30シャスティアムシャ）から北或いは南の赤緯へ向かって動く時、強さが増す。

(e) アヤナバラの決定に対して考慮される惑星の経度はサヤナ度数である。惑星は0°−180°のサヤナ度数で北緯の傾斜をもつ。180°−360°で南緯の傾斜をもつ。

(f) 太陽のアヤナバラは2倍される。

9. ユッダバラ：太陽と月以外の惑星は、それらがお互いに1度以内にある時ユッダ（戦争）にあると言われている。その度数が大きい惑星が服従すると考えられる。

　被支配者同様、支配者の強さはスターナバラ、ディグバラ、カーラバラ（上記のホーラバラまで）を加えることによって決定される。ある説によれば、2つの間の違いはユッダバラである。これは勝者の力に加えられ敗者のそれから差し引かれる。他の説によれば2つの間の違いはそれらのユッダバラを得るための円盤の直径（火星に対する9.4ヴィカラ或いは秒、水星に対する6.6、木星に対する190.4、金星に対する16.6、土星に対する158.0）の間の違いによって分けられなければならない。これが勝者のバラに加えられ、敗者のバラから差し引かれる。

◉ IV チェスタバラ

　惑星のチェスタバラの決定は、順行から逆行、そして最も遅い動きから最も早い惑星の明白な動きに関わる天文学的原則の洗練された理解を必要とする。古典のテキストにおいて惑星のチェスタバラは惑星の外見上の動きに応じて以下のように記述されている。

	外見上の動き	強さ
i	ヴァクラ	60シャスティアムシャ
ii	アヌヴァクラ（アティヴァクラ）	30シャスティアムシャ
iii	ヴィカラ	15シャスティアムシャ
iv	マディヤ	30シャスティアムシャ
v	マンダ	15シャスティアムシャ
vi	マンダタラ	7.5シャスティアムシャ
vii	シィーグラ	45シャスティアムシャ
viii	アティ‐シィーグラ	30シャスティアムシャ

【注記】
(a) 太陽は同じアヤナバラとチェスタバラをもつ。
(b) 月は同じパクシャバラとチャスタバラをもつ。

 ## V ナイサルギカバラ

　それぞれの惑星は固有の強さをもつ。60シャスティアムシャを7で割り、結果に1、2、3、4、5、6そして7と続いてかけ、ナイサルギカバラを得る。土星、火星、水星、木星、金星、月そして太陽と個々の力を得る。即ち、太陽は最大限のナイサリギカバラ（60シャスティアムシャ）をもち、そして土星は最小限（8.57シャスティアムシャ）をもつ。

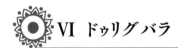 ## VI ドゥリグバラ

　それぞれの惑星は吉星によってアスペクトされる時肯定的な力を与えられ、凶星によってアスペクトされる時否定的な力を与えられる。すべてのアスペクトの惑星の総合計はドゥリグバラの尺度である。
　アスペクトされた惑星の度数からアスペクトしている惑星の度数を引くと

2つの惑星の間の角度の距離を与える。火星、木星、そして土星はそれらの特別のアスペクトをもつ。異なる弧をもついろいろな惑星のアスペクトは以下に図表化される。

弧	アスペクト			
	火星	木星	土星	残りの惑星
0°〜30°	アスペクトなし	アスペクトなし	アスペクトなし	アスペクトなし
60°	4分の1	4分の1	全部	4分の1
90°	全部	4分の3	4分の3	4分の3
120°	半分	全部	半分	半分
150°	アスペクトなし	アスペクトなし	アスペクトなし	アスペクトなし
180°	全部	全部	全部	全部
210°	全部	4分の3	4分の3	4分の3
240°	半分	全部	半分	半分
270°	4分の1	4分の1	全部	4分の1
300°〜360°	アスペクトなし	アスペクトなし	アスペクトなし	アスペクトなし

　ここで述べられた度数の間に、比率の変更がなされる必要がある。特定のすべての惑星のアスペクトの合計は、ドゥリグバラの尺度である。これが肯定的か否定的かは吉星のアスペクトか或いは凶星のアスペクトのいずれが優位を占めるか次第である。それぞれの惑星のアスペクトにおいて得られる全体の惑星の強さは、4で割る時、シャスティアムシャにおける肯定的あるいは否定的なディグバラを生じる。これが最終的に真の惑星の強さを得るためにグラハバラのすべてのいろいろな要素を加えることによって得られたトータルな力へ加えられるか引かれるかされる。シャスティアムシャで得られる最終的な力は60によって割る時、ルパという力を生じる。

 # バーヴァバラ或いはハウスの強さ

　これは3つから構成されている。

1．（すでに上記で述べられた）ハウスの支配星の強さ
2．ドゥリグバラ或いはアスペクトの強さは、凶星のアスペクトを上回る吉星のアスペクトの全体の合計に応じて肯定的或いは否定的なアスペクトの力といえ、ドゥリグバラの決定は惑星の決定の場合と同じである。ハウスの場合においては、カスプはアスペクトされた惑星の度数の位置とされる。
3．ディグバラ或いは方角の強さである。

ディグバラ

　パラーシャラは、この点に関して次のように言う。
　双子座、乙女座、天秤座、水瓶座そして射手座の前半部分（ドゥイパダラーシ※1）のディグバラを決定するために、7番目のハウスのカスプをそれらから引く。牡羊座、牡牛座、獅子座、射手座の後半部分と山羊座の前半部分（チャトゥシパダ※2）は4つのハウスのカスプからそれらを引く。蟹座と蠍座（ケータラーシ※3）はラグナのカスプからそれらを引く。そして魚座と山羊座の後半部分は（ジャラチャララーシ※4）これらから10番目のハウスのカスプを引く。残りを度数に変えて、3で割る（シャスティアムシャの強さを得るために）。もし残りが（度数に変える前の）6以上であるならば、12星座からそれを引いて（上記のように）度数へ変換した後で3で割る。（惑星のアスペクトの強さを決定する一方でなされたように）吉星のアスペクトの場合において異なる惑星のアスペクトの4分の1をこれに対して加える。そして凶星のアスペクトの場合においてこれを引く。それに対してハウスの支配星の強さを加える（これがバーバーバラ或いは全体のハウスの強さを示す）。

※1　2本足の動物
※2　4本足の生物
※3　昆虫
※4　水棲生物

14

ダシャー或いは惑星が活発化する期間

> それ故、執着することなく、
> 常になすべき行為を遂行せよ。
> 実に、執着なしに行為を行えば、
> 人は最高の存在に達する。
>
> 「バガヴァバッド・ギータ第3章19」(上村勝彦訳　岩波文庫) より

　ダシャーシステムの応用は、インド占星術の際立った特徴である。惑星の位置を定めることによって、ホロスコープチャートが出生者の静的な絵を提供するのに対して、ダシャーは動的な側面を加える。ホロスコープに示されている約束は適切なダシャーが機能する時に果実を結ぶ。ダシャーはこのようにある出来事がいつ起こるかのタイミングを明らかにする。聖パラーシャラによって提唱されたたくさんのダシャーシステムがあるが、非常に広く用いられているダシャーが2つある。

1. ヴィムショッタリダシャー（120年サイクル）
   そして
2. ヨーギニーダシャー（36年サイクル）
   である。

パラシャラーのダシャーは一般的にナクシャトラを基礎としている。いわゆるそれらは出生図のナクシャトラ或いは月のナクシャトラに拠っている。上記の述べられた2つのダシャーの内、ヴィムショッタリダシャーがより広く用いられている。

# ヴィムショッタリダシャー

27ナクシャトラはそれぞれ9つのナクシャトラずつ3つのグループに分けられる。これらは9つの惑星によって支配される（表2-2を参照）。それぞれの惑星はそれが機能する特別の年数を割り振られる。ダシャーの順番は固定されている。これは表14-1でみることができる。

表14-1｜ヴィムショッタリダシャーの期間

番号	惑星	ナクシャトラ	ダシャーの期間
1	太陽	3、12、21	6
2	月	4、13、22	10
3	火星	5、14、23	7
4	ラーフ	6、15、24	18
5	木星	7、16、25	16
6	土星	8、17、26	19
7	水星	9、18、27	17
8	ケートゥ	1、10、19	7
9	金星	2、11、20	20
		総合計年数	120

ダシャーは出生図における月のナクシャトラによって決定され、特定の惑星のダシャーが出生時間でまず機能する。それに続いて各惑星の期間が上記に述べられた順序に従って連続する形で続く。

◉ 出生ダシャーの配分

　出生の時間に活性化するダシャーの惑星を決定した後、そのダシャーがどのくらいの期間続くかを見つけることが重要である。これはナクシャトラにおける月の正確な位置次第である。

　それぞれのナクシャトラは13°20′の範囲である。太陽のナクシャトラにとって13°20′は6年間を意味する。月のナクシャトラにとって、それは10年間を意味する等である。もし月がナクシャトラの最初にあるならば、それを通過する大きな時間比率が割り当てられる。もしそれがナクシャトラの最後なら全体の小さな部分だけが割り当てられる。惑星のダシャーの期間は通過した月のナクシャトラの範囲と比例する。読者は出生時に機能するヴィムショッタリダシャーの時期を推定するために、表14-2と表14-3を参照することができる。それは異なる星座にある月の配置次第である。もし必要ならば、より詳細な表を天体暦において得ることができる。

表14-2 | 月の度数に応じたヴィムショッタリダシャーの配分

月の度数	月が在住する星座											
	牡羊座 獅子座 射手座			牡牛座 乙女座 山羊座			双子座 天秤座 水瓶座			蟹座 蠍座 魚座		
		年	月	日		年	月	日		年	月	日		年	月	日
0-00	ケートゥ 7	0	0	太陽 4	6	0	火星 3	6	0	木星 4	0	0
1-00	6	5	21	4	0	18	2	11	21	2	9	18
2-00	5	11	12	3	7	6	2	5	12	1	7	6
3-00	5	5	3	3	1	24	1	11	3	0	4	24
3-20	5	3	0	3	0	0	1	9	0	土星 19	0	0
4-00	4	10	24	2	8	12	1	4	24	18	0	18
5-00	4	4	15	2	3	0	0	10	15	16	7	15
6-00	3	10	6	1	9	18	0	4	6	15	2	12

時間												
6-40		3	6	0		1	6	0	ラーフ 18	0	0	14	3	0
7-00		3	3	27		1	4	6	17	6	18	13	9	9
8-00		2	9	18		0	10	24	16	2	12	12	4	6
9-00		2	3	9		0	5	12	14	10	6	10	11	3
10-00		1	9	0	月	10	0	0	13	6	0	9	6	0
11-00		1	2	21		9	3	0	12	1	24	8	1	27
12-00		0	8	12		8	6	0	10	9	18	6	7	2
13-00		0	2	3		7	9	0	9	5	12	5	2	21
13-20	金星	20	0	0		7	6	0	9	0	0	4	9	0
14-00		19	0	0		7	0	0	8	1	6	3	9	18
15-00		17	6	0		6	3	0	6	9	0	2	4	15
16-00		16	0	0		5	6	0	5	4	24	0	11	12
16-40		15	0	0		5	0	0	4	6	0	水星 17	0	0
17-00		14	6	0		4	9	0	4	0	18	16	6	27
18-00		13	0	0		4	0	0	2	8	12	15	3	18
19-00		11	6	0		3	3	0	1	4	6	14	0	9
20-00		10	0	0		2	6	0	木星 16	0	0	12	9	0
21-00		8	6	0		1	9	0	14	9	18	11	5	21
22-00		7	0	0		1	0	0	13	7	6	10	2	12
23-00		5	6	0		0	3	0	12	4	24	8	11	3
23-20		5	0	0	火星	7	0	0	12	0	0	8	6	0
24-00		4	0	0		6	7	24	11	2	12	7	7	24
25-00		2	6	0		6	1	15	10	0	0	6	4	15
26-00		1	0	0		5	7	6	8	9	18	5	1	6
26-40	太陽	6	0	0		5	3	0	8	0	0	4	3	0
27-00		5	10	6		5	0	27	7	7	6	3	9	27
28-00		5	4	24		4	6	18	6	4	24	2	6	24
29-00		4	11	12		4	0	9	5	2	12	1	3	9
30-00		4	6	0		3	6	0	4	0	0	0	0	0

表14-3 | ダシャーは月の度数に比例する

度数	ケートゥ		金星		太陽		月		火星		ラーフ		木星		土星		水星	
	月	日	月	日	月	日	月	日	月	日	月	日	月	日	月	日	月	日
5°	0	16	1	15	0	14	0	23	0	16	1	11	1	6	1	13	1	8
10°	1	1	3	0	0	27	1	15	1	1	2	21	2	12	2	26	2	17
15°	1	17	4	15	1	11	2	8	1	17	4	2	3	18	4	8	3	25
20°	2	3	6	0	1	24	3	0	2	3	5	12	4	24	5	21	5	3
25°	2	19	7	15	2	8	3	23	2	19	6	23	6	0	7	4	6	11
30°	3	4	9	0	2	21	4	15	3	4	8	3	7	6	8	17	7	20
35°	3	20	10	15	3	5	5	8	3	20	9	14	8	12	9	29	8	28
40°	4	6	12	0	3	18	6	0	4	6	10	24	9	18	11	12	10	6

月の度数の増加に対してダシャーの配分からこれらを抽出する。

ヴィムショッタリダシャーのサブ期間

　上記に記したように、惑星の期間はそれぞれの惑星に対して何年間か続く。日々の出来事のタイミングに対して、このような広い時間の幅を使用することは難しい。出来事が起こりそうな時に狭く絞り込むために、上記で述べた主要な惑星の期間（マハーダシャーと呼ばれる）は、さらなるサブ期間あるいはアンタラダシャーと呼ばれるサブ分野へ下げられる。それぞれのマハーダシャー（MD）、アンタラダシャー（AD）の下で、すべての惑星がはたらく。あるMDにおける最初のADは同じ惑星がくる。そして残りの惑星は順番に従う。いろいろな惑星のアンタラダシャーの期間はMDの期間の一定比率で割り振られる。与えられたMDの中のADの期間は公式によって簡単に計算できる。

$$\frac{a}{120} \times b$$

　a はMDの支配星のダシャー期間であるところに、そして b はADの支配

星のダシャー期間である。表14-1により上の式を参照するとよい。

例えば、月のMDにおける土星のADを計算してみよう。上記の公式によれば

$$\frac{10\,（月のダシャー期間）}{120} \times \quad 19\,（土星のダシャー期間）$$

$$= \frac{19}{12} \quad 年、或いは1年と7ケ月$$

この方式で、特定のADが計算される。

◉ サブ－サブ期間　プラティアンタラダシャー（PD）

時間のさらなる細かい分割は、上記で述べられたダシャー期間の同じ期間比率で、ADをサブサブダシャー（PD）へ分割することによって得られる。特定のADの最初のPDの支配星自身はADに属し、一方残りのPD'sはヴィムショッタリダシャーの通常の順序に従う。

PDは公式によりADの中で計算される。

$$\frac{a}{120} \times \frac{b}{120} \times c$$

a はMDの支配星のダシャー期間の個所であり、

b はADの支配星のダシャー期間の個所であり、

　　そして、

c はPDの支配星のダシャー期間の個所である。

年において得られる結果に12をかけることによって月に変換され、さらに30をかけることによって日へと変換される。

表14-4から表14-12は異なる惑星のMD（主要期間）におけるADとPD（サブ期間とサブサブ期間）を表にしたものである。

表14-4 │ 太陽のマハーダシャーにおけるアンタラダシャーとプラティヤンタルダシャー

太陽マハーダシャー：6年

太陽

アンタラダシャー	期間			全体		
	年	月	日	年	月	日
太陽	0	3	18	0	3	18
月	0	6	0	0	9	18
火星	0	4	6	1	1	24
ラーフ	0	10	24	2	0	18
木星	0	9	18	2	10	6
土星	0	11	12	3	9	18
水星	0	10	6	4	7	24
ケートゥ	0	4	6	5	0	0
金星	1	0	0	6	0	0

太陽-月
アンタラダシャー　0年 6月 0日

プラヤンタ	期間			全体		
ラダシャー	月	日	時	月	日	時
月	0	15	0.0	0	15	0.0
火星	0	10	12.0	0	25	12.0
ラーフ	0	27	0.0	1	22	12.0
木星	0	24	0.0	2	16	12.0
土星	0	28	12.0	3	15	0.0
水星	0	25	12.0	4	10	12.0
ケートゥ	0	10	12.0	4	21	0.0
金星	1	0	0.0	5	21	0.0
太陽	0	9	0.0	6	0	0.0

太陽-太陽
アンタラダシャー　0年 3月 18日

プラヤンタ	期間			全体		
ラダシャー	月	日	時	月	日	時
太陽	0	5	9.6	0	5	9.6
月	0	9	0.0	0	14	9.6
火星	0	6	7.2	0	20	16.8
ラーフ	0	16	4.8	1	6	21.6
木星	0	14	9.6	1	21	7.2
土星	0	17	2.4	2	8	9.6
水星	0	15	7.2	2	23	16.8
ケートゥ	0	6	7.2	3	0	0.0
金星	0	18	0.0	3	18	0.0

太陽-火星
アンタラダシャー　0年 4月 6日

プラヤンタ	期間			全体		
ラダシャー	月	日	時	月	日	時
火星	0	7	8.4	0	7	8.4
ラーフ	0	18	21.6	0	26	6.0
木星	0	16	19.2	1	13	1.2
土星	0	19	22.8	2	3	0.0
水星	0	17	20.4	2	20	20.4
ケートゥ	0	7	8.4	2	28	4.8
金星	0	21	0.0	3	19	4.8
太陽	0	6	7.2	3	25	12.0
月	0	10	12.0	4	6	0.0

太陽-ラーフ
アンタラダシャー　0年10月24日

プラヤンタ	期間			全体		
ラダシャー	月	日	時	月	日	時
ラーフ	1	18	14.4	1	18	14.4
木星	1	13	4.8	3	1	19.2
土星	1	21	7.2	4	23	2.4
水星	1	15	21.6	6	9	0.0
ケートゥ	0	18	21.6	6	27	21.6
金星	1	24	0.0	8	21	21.6
太陽	0	16	4.8	9	8	2.4
月	0	27	0.0	10	5	2.4
火星	0	18	21.6	10	24	0.0

太陽-木星
アンタラダシャー　0年9月18日

プラヤンタ	期間			全体		
ラダシャー	月	日	時	月	日	時
木星	1	8	9.6	1	8	9.6
土星	1	15	14.4	2	24	0.0
水星	1	10	19.2	4	4	19.2
ケートゥ	0	16	19.2	4	21	14.4
金星	1	18	0.0	6	9	14.4
太陽	0	14	9.6	6	24	0.0
月	0	24	0.0	7	18	0.0
火星	0	16	19.2	8	4	19.2
ラーフ	1	13	4.8	9	18	0.0

太陽-土星
アンタラダシャー　0年11月12日

プラヤンタ	期間			全体		
ラダシャー	月	日	時	月	日	時
土星	1	24	3.6	1	24	3.6
水星	1	18	10.8	3	12	14.4
ケートゥ	0	19	22.8	4	2	13.2
金星	1	27	0.0	5	29	13.2
太陽	0	17	2.4	6	16	15.6
月	0	28	12.0	7	15	3.6
火星	0	19	22.8	8	5	2.4
ラーフ	1	21	7.2	9	26	9.6
木星	1	15	14.4	11	12	0.0

太陽-水星
アンタラダシャー　0年10月6日

プラヤンタ	期間			全体		
ラダシャー	月	日	時	月	日	時
水星	1	13	8.4	1	13	8.4
ケートゥ	0	17	20.4	2	1	4.8
金星	1	21	0.0	3	22	4.8
太陽	0	15	7.2	4	7	12.0
月	0	25	12.0	5	3	0.0
火星	0	17	20.4	5	20	20.4
ラーフ	1	15	21.6	7	6	18.0
木星	1	10	19.2	8	17	13.2
土星	1	18	10.8	10	6	0.0

太陽-ケートゥ
アンタラダシャー　0年4月6日

プラヤンタ	期間			全体		
ラダシャー	月	日	時	月	日	時
ケートゥ	0	7	8.4	0	7	8.4
金星	0	21	0.0	0	28	8.4
太陽	0	6	7.2	1	4	15.6
月	0	10	12.0	1	15	3.6
火星	0	7	8.4	1	22	12.0
ラーフ	0	18	21.6	2	11	9.6
木星	0	16	19.2	2	28	4.8
土星	0	19	22.8	3	18	3.5
水星	0	17	20.4	4	6	0.0

太陽-金星
アンタラダシャー　1年0月0日

プラヤンタ	期間			全体		
ラダシャー	月	日	時	月	日	時
金星	2	0	0.0	2	0	0.0
太陽	0	18	0.0	2	18	0.0
月	1	0	0.0	3	18	0.0
火星	0	21	0.0	4	9	0.0
ラーフ	1	24	0.0	6	3	0.0
木星	1	18	0.0	7	21	0.0
土星	1	27	0.0	9	18	0.0
水星	1	21	0.0	11	9	0.0
ケートゥ	0	21	0.0	12	0	0.0

表14-5 | 月のマハーダシャーにおけるアンタラダシャーとプラティヤンタルダシャー

月のマハーダシャー：10年

月

アンタラダ	期間			全体		
シャー	年	月	日	年	月	日
月	0	10	0	0	10	0
火星	0	7	0	1	5	0
ラーフ	1	6	0	2	11	0
木星	1	4	0	4	3	0
土星	1	7	0	5	10	0
水星	1	5	0	7	3	0
ケートゥ	0	7	0	7	10	0
金星	1	8	0	9	6	0
太陽	0	6	0	10	0	0

月-火星
アンタラダシャー　0年 7月 0日

プラヤンタ	期間			全体		
ラダシャー	月	日	時	月	日	時
火星	0	12	6.0	0	12	6.0
ラーフ	1	1	12.0	1	13	18.0
木星	0	28	0.0	2	11	18.0
土星	1	3	6.0	3	15	0.0
水星	0	29	18.0	4	14	18.0
ケートゥ	0	12	6.0	4	27	0.0
金星	1	5	0.0	6	2	0.0
太陽	0	10	12.0	6	12	12.0
月	0	17	12.0	7	0	0.0

月-月
アンタラダシャー　0年 10月 0日

プラヤンタ	期間			全体		
ラダシャー	月	日	時	月	日	時
月	0	25	0.0	0	25	0.0
火星	0	17	12.0	1	12	12.0
ラーフ	1	15	0.0	2	27	12.0
木星	1	10	0.0	4	7	12.0
土星	1	17	12.0	5	25	0.0
水星	1	12	12.0	7	7	12.0
ケートゥ	0	17	12.0	7	25	0.0
金星	1	20	0.0	9	15	0.0
太陽	0	15	0.0	10	0	0.0

月-ラーフ
アンタラダシャー　1年 6月 0日

プラヤンタ	期間			全体		
ラダシャー	月	日	時	月	日	時
ラーフ	2	21	0.0	2	21	0.0
木星	2	12	0.0	5	3	0.0
土星	2	25	12.0	7	28	12.0
水星	2	16	12.0	10	15	0.0
ケートゥ	1	1	12.0	11	16	12.0
金星	3	0	0.0	14	16	12.0
太陽	0	27	0.0	15	13	12.0
月	1	15	0.0	16	28	12.0
火星	1	1	12.0	18	0	0.0

月-木星

アンタラダシャー　1年 4月 0日

プラヤンタラダシャー	期間			全体		
	月	日	時	月	日	時
木星	2	4	0.0	2	4	0.0
土星	2	16	0.0	4	20	0.0
水星	2	8	0.0	6	28	0.0
ケートゥ	0	28	0.0	7	26	0.0
金星	2	20	0.0	10	16	0.0
太陽	0	24	0.0	11	10	0.0
月	1	10	0.0	12	20	0.0
火星	0	28	0.0	13	18	0.0
ラーフ	2	12	0.0	16	0	0.0

月-ケートゥ

アンタラダシャー　0年 7月 0日

プラヤンタラダシャー	期間			全体		
	月	日	時	月	日	時
ケートゥ	0	12	6.0	0	12	6.0
金星	1	5	0.0	1	17	6.0
太陽	0	10	12.0	1	27	18.0
月	0	17	12.0	2	15	6.0
火星	0	12	6.0	2	27	12.0
ラーフ	1	1	21.6	3	29	0.0
木星	0	28	0.0	4	27	0.0
土星	1	3	6.0	6	0	6.0
水星	0	29	18.0	7	0	0.0

月-土星

アンタラダシャー　1年 7月 0日

プラヤンタラダシャー	期間			全体		
	月	日	時	月	日	時
土星	3	0	6.0	3	0	6.0
水星	2	20	18.0	5	21	0.0
ケートゥ	1	3	6.0	6	24	6.0
金星	3	5	0.0	9	29	6.0
太陽	0	28	12.0	10	27	18.0
月	1	17	12.0	12	15	6.0
火星	1	3	6.0	13	18	12.0
ラーフ	2	25	12.0	16	14	0.0
木星	2	16	0.0	19	0	0.0

月-金星

アンタラダシャー　1年 8月 0日

プラヤンタラダシャー	期間			全体		
	月	日	時	月	日	時
金星	3	10	0.0	3	10	0.0
太陽	1	0	0.0	4	10	0.0
月	1	20	0.0	6	0	0.0
火星	1	5	0.0	7	5	0.0
ラーフ	3	0	0.0	10	5	0.0
木星	2	20	0.0	12	25	0.0
土星	3	5	0.0	16	0	0.0
水星	2	25	0.0	18	25	0.0
ケートゥ	1	5	0.0	20	0	0.0

月-水星

アンタラダシャー　1年 5月 0日

プラヤンタラダシャー	期間			全体		
	月	日	時	月	日	時
水星	2	12	6.0	2	12	6.0
ケートゥ	0	29	18.0	3	12	0.0
金星	2	25	0.0	6	7	0.0
太陽	0	25	12.0	7	2	12.0
月	1	12	12.0	8	15	0.0
火星	0	29	18.0	9	14	18.0
ラーフ	2	16	12.0	12	1	6.0
木星	2	8	0.0	14	9	6.0
土星	2	20	18.0	17	0	0.0

月-太陽

アンタラダシャー　0年 6月 0日

プラヤンタラダシャー	期間			全体		
	月	日	時	月	日	時
太陽	0	9	0.0	0	9	0.0
月	0	15	0.0	0	24	0.0
火星	0	10	12.0	1	4	12.0
ラーフ	0	27	0.0	2	1	12.0
木星	0	24	0.0	2	25	12.0
土星	0	28	12.0	3	24	0.0
水星	0	25	12.0	4	19	12.0
ケートゥ	0	10	12.0	5	0	0.0
金星	1	0	0.0	6	0	0.0

表14-6 ｜ 火星のマハーダシャーにおけるアンタラダシャーとプラティヤンタルダシャー

火星のマハーダシャー：7年

火星

アンタラダ	期間			全体		
シャー	年	月	日	年	月	日
火星	0	4	27	0	4	27
ラーフ	1	0	18	1	5	15
木星	0	11	6	2	4	21
土星	1	1	9	3	6	0
水星	0	11	27	4	5	27
ケートゥ	0	4	27	4	10	24
金星	1	2	0	6	0	24
太陽	0	4	6	6	5	0
月	0	7	0	7	0	0

火星–ラーフ
アンタラダシャー　1年 0月 18日

プラヤンタ	期間			全体		
ラダシャー	月	日	時	月	日	時
ラーフ	1	26	16.8	1	26	16.8
木星	1	20	9.6	3	17	2.4
土星	1	29	20.4	5	16	22.8
水星	1	23	13.2	7	10	12.0
ケートゥ	0	22	1.2	8	2	13.2
金星	2	3	0.0	10	5	13.2
太陽	0	18	21.6	10	24	10.8
月	1	1	12.0	11	25	22.8
火星	0	22	1.2	12	18	0.0

火星–火星
アンタラダシャー　0年 4月 27日

プラヤンタ	期間			全体		
ラダシャー	月	日	時	月	日	時
火星	0	8	13.8	0	8	13.8
ラーフ	0	22	1.2	1	0	15.0
木星	0	19	14.4	1	20	5.4
土星	0	23	6.6	2	13	12.0
水星	0	20	19.8	3	4	7.8
ケートゥ	0	8	13.8	3	12	21.6
金星	0	24	12.0	4	7	9.6
太陽	0	7	8.4	4	14	18.0
月	0	12	6.0	4	27	0.0

火星–木星
アンタラダシャー　0年 11月 6日

プラヤンタ	期間			全体		
ラダシャー	月	日	時	月	日	時
木星	1	14	19.2	1	14	19.2
土星	1	23	4.8	3	8	0.0
水星	1	17	14.4	4	25	14.4
ケートゥ	0	19	14.4	5	15	4.8
金星	1	26	0.0	7	11	4.8
太陽	0	16	19.2	7	28	0.0
月	0	28	0.0	8	26	0.0
火星	0	19	14.4	9	15	14.4
ラーフ	1	20	9.6	11	6	0.0

火星-土星
アンタラダシャー　1年 1月 9日

プラヤンタ ラダシャー	期間			全体		
	月	日	時	月	日	時
土星	2	3	4.2	2	3	4.2
水星	1	26	12.6	3	29	16.8
ケートゥ	0	23	6.6	4	22	23.4
金星	2	6	12.0	6	29	11.4
太陽	0	19	22.8	7	19	10.2
月	1	3	6.0	8	22	16.2
火星	0	23	6.6	9	15	22.8
ラーフ	1	29	20.4	11	15	19.2
木星	1	23	4.8	13	9	0.0

火星-金星
アンタラダシャー　1年 2月 0日

プラヤンタ ラダシャー	期間			全体		
	月	日	時	月	日	時
金星	2	10	0.0	2	10	0.0
太陽	0	21	0.0	3	1	0.0
月	1	5	0.0	4	6	0.0
火星	0	24	12.0	5	0	12.0
ラーフ	2	3	0.0	7	3	12.0
木星	1	26	0.0	8	29	12.0
土星	2	6	12.0	11	6	0.0
水星	1	29	12.0	13	5	12.0
ケートゥ	0	24	12.0	14	0	0.0

火星-水星
アンタラダシャー　0年 11月 27日

プラヤンタ ラダシャー	期間			全体		
	月	日	時	月	日	時
水星	1	20	13.8	1	20	13.8
ケートゥ	0	20	19.8	2	11	9.6
金星	1	29	12.0	4	10	21.6
太陽	0	17	20.4	4	28	18.0
月	0	29	18.0	5	28	12.0
火星	0	20	19.8	6	19	7.8
ラーフ	1	23	13.2	8	12	21.0
木星	1	17	14.4	10	0	11.4
土星	1	26	12.6	11	27	0.0

火星-太陽
アンタラダシャー　0年 4月 6日

プラヤンタ ラダシャー	期間			全体		
	月	日	時	月	日	時
太陽	0	6	7.2	0	6	7.2
月	0	10	12.0	0	16	19.2
火星	0	7	8.4	0	24	3.6
ラーフ	0	18	21.6	1	13	1.2
木星	0	16	19.2	1	29	20.4
土星	0	19	22.8	2	19	19.2
水星	0	17	20.4	3	7	15.6
ケートゥ	0	7	8.4	3	15	0.0
金星	0	21	0.0	4	6	0.0

火星-ケートゥ
アンタラダシャー　0年 4月 27日

プラヤンタ ラダシャー	期間			全体		
	月	日	時	月	日	時
ケートゥ	0	8	13.8	0	8	13.8
金星	0	24	12.0	1	3	1.8
太陽	0	7	8.4	1	10	10.2
月	0	12	6.0	1	22	16.2
火星	0	8	13.8	2	1	6.0
ラーフ	0	22	1.2	2	23	7.2
木星	0	19	14.4	3	12	21.6
土星	0	23	6.6	4	6	4.2
水星	0	20	19.8	4	27	0.0

火星-月
アンタラダシャー　0年 7月 0日

プラヤンタ ラダシャー	期間			全体		
	月	日	時	月	日	時
月	0	17	12.0	0	17	12.0
火星	0	12	6.0	0	29	18.0
ラーフ	1	1	12.0	2	1	6.0
木星	0	28	0.0	2	29	6.0
土星	1	3	6.0	4	2	12.0
水星	0	29	18.0	5	2	6.0
ケートゥ	0	12	6.0	5	14	12.0
金星	1	5	0.0	6	19	12.0
太陽	0	10	12.0	7	0	0.0

表14-7 ｜ ラーフのマハーダシャーにおけるアンタラダシャーとプラティヤンタルダシャー

ラーフのマハーダシャー：18年

ラーフ

アンタラダシャー	期間			全体		
	年	月	日	年	月	日
ラーフ	2	8	12	2	8	12
木星	2	4	24	5	1	6
土星	2	10	6	7	11	12
水星	2	6	18	10	6	0
ケートゥ	1	0	18	11	6	18
金星	3	0	0	14	6	18
太陽	0	10	24	15	5	12
月	1	6	0	16	11	12
火星	1	0	18	18	0	0

ラーフ-ラーフ
アンタラダシャー　2年 8月 12日

プラヤンタ ラダシャー	期間			全体		
	月	日	時	月	日	時
ラーフ	4	25	19.2	4	25	19.2
木星	4	9	14.4	9	5	9.6
土星	5	3	21.6	14	9	7.2
水星	4	17	16.8	18	27	0.0
ケートゥ	1	26	16.8	20	23	16.8
金星	5	12	0.0	26	5	16.8
太陽	1	18	14.4	27	24	7.2
月	2	21	0.0	30	15	7.2
火星	1	26	16.8	32	12	0.0

ラーフ-木星
アンタラダシャー　2年 4月 24日

プラヤンタ ラダシャー	期間			全体		
	月	日	時	月	日	時
木星	3	25	4.8	3	25	4.8
土星	4	16	19.2	8	12	0.0
水星	4	2	9.6	12	14	9.6
ケートゥ	1	20	9.6	14	4	19.2
金星	4	24	0.0	18	28	19.2
太陽	1	13	4.8	20	12	0.0
月	2	12	0.0	22	24	0.0
火星	1	20	9.6	24	14	9.6
ラーフ	4	9	14.4	28	24	0.0

ラーフ-土星
アンタラダシャー　2年 10月 6日

プラヤンタ ラダシャー	期間			全体		
	月	日	時	月	日	時
土星	5	12	10.8	5	12	10.8
水星	4	25	8.4	10	7	19.2
ケートゥ	1	29	20.4	12	7	15.6
金星	5	21	0.0	17	28	15.6
太陽	1	21	7.2	19	19	22.8
月	2	25	12.0	22	15	10.8
火星	1	29	20.4	24	15	7.2
ラーフ	5	3	21.6	29	19	4.8
木星	4	16	19.2	34	6	0.0

ラーフ-水星
アンタラダシャー　2年 6月 18日

プラヤンタラダシャー	期間 月	日	時	全体 月	日	時
水星	4	10	1.2	4	10	1.2
ケートゥ	1	23	13.2	6	3	14.4
金星	5	3	0.0	11	6	14.4
太陽	1	15	21.6	12	22	12.0
月	2	16	12.0	15	9	0.0
火星	1	23	13.2	17	2	13.2
ラーフ	4	17	16.8	21	20	6.0
木星	4	2	9.6	25	22	15.6
土星	4	25	8.4	30	18	0.0

ラーフ-太陽
アンタラダシャー　0年 10月 24日

プラヤンタラダシャー	期間 月	日	時	全体 月	日	時
太陽	0	16	4.8	0	16	4.8
月	0	27	0.0	1	13	4.8
火星	0	18	21.6	2	2	2.4
ラーフ	1	18	14.4	3	20	16.8
木星	1	13	4.8	5	3	21.6
土星	1	21	7.2	6	25	4.8
水星	1	15	21.6	8	11	2.4
ケートゥ	0	18	21.6	9	0	0.0
金星	1	24	0.0	10	24	0.0

ラーフ-ケートゥ
アンタラダシャー　1年 0月 18日

プラヤンタラダシャー	期間 月	日	時	全体 月	日	時
ケートゥ	0	22	1.2	0	22	1.2
金星	2	3	0.0	2	25	1.2
太陽	0	18	21.6	3	13	22.8
月	1	1	12.0	4	15	10.8
火星	0	22	1.2	5	7	12.0
ラーフ	1	26	16.8	7	4	4.8
木星	1	20	9.6	8	24	14.4
土星	1	29	20.4	10	24	10.8
水星	1	23	13.2	12	18	0.0

ラーフ-月
アンタラダシャー　1年 6月 0日

プラヤンタラダシャー	期間 月	日	時	全体 月	日	時
月	1	15	0.0	1	15	0.0
火星	1	1	12.0	2	16	12.0
ラーフ	2	21	0.0	5	7	12.0
木星	2	12	0.0	7	19	12.0
土星	2	25	12.0	10	15	0.0
水星	2	16	12.0	13	1	12.0
ケートゥ	1	1	12.0	14	3	0.0
金星	3	0	0.0	17	3	0.0
太陽	0	27	0.0	18	0	0.0

ラーフ-金星
アンタラダシャー　3年 0月 0日

プラヤンタラダシャー	期間 月	日	時	全体 月	日	時
金星	6	0	0.0	6	0	0.0
太陽	1	24	0.0	7	24	0.0
月	3	0	0.0	10	24	0.0
火星	2	3	0.0	12	27	0.0
ラーフ	5	12	0.0	18	9	0.0
木星	4	24	0.0	23	3	0.0
土星	5	21	0.0	28	24	0.0
水星	5	3	0.0	33	27	0.0
ケートゥ	2	3	0.0	36	0	0.0

ラーフ-火星
アンタラダシャー　1年 0月 18日

プラヤンタラダシャー	期間 月	日	時	全体 月	日	時
火星	0	22	1.2	0	22	1.2
ラーフ	1	26	16.8	2	18	18.0
木星	1	20	9.6	4	9	3.6
土星	1	29	20.4	6	9	0.0
水星	1	23	13.2	8	2	13.2
ケートゥ	0	22	1.2	8	24	14.4
金星	2	3	0.0	10	27	14.4
太陽	0	18	21.6	11	16	12.0
月	1	1	12.0	12	18	0.0

表14-8 │ 木星のマハーダシャーにおけるアンタラダシャーとプラティヤンタルダシャー

木星のマハーダシャー：16年

木星

アンタラダ	期間			全体		
シャー	年	月	日	年	月	日
木星	2	1	18	2	1	18
土星	2	6	12	4	8	0
水星	2	3	6	6	11	6
ケートゥ	0	11	6	7	10	12
金星	2	8	0	10	6	12
太陽	0	9	18	11	4	0
月	1	4	0	12	8	0
火星	0	11	6	13	7	6
ラーフ	2	4	24	16	0	0

木星-木星
アンタラダシャー　2年 1月 18日

プラヤンタ	期間			全体		
ラダシャー	月	日	時	月	日	時
木星	3	12	9.6	3	12	9.6
土星	4	1	14.4	7	14	0.0
水星	3	18	19.2	11	2	19.2
ケートゥ	1	14	19.2	12	17	14.4
金星	4	8	0.0	16	25	14.4
太陽	1	8	9.6	18	4	0.0
月	2	4	0.0	20	8	0.0
火星	1	14	19.2	21	22	19.2
ラーフ	3	25	4.8	25	18	0.0

木星-土星
アンタラダシャー　2年 6月 12日

プラヤンタ	期間			全体		
ラダシャー	月	日	時	月	日	時
土星	4	24	9.6	4	24	9.6
水星	4	9	4.8	9	3	14.4
ケートゥ	1	23	4.8	10	26	19.2
金星	5	2	0.0	15	28	19.2
太陽	1	15	14.4	17	14	9.6
月	2	16	0.0	20	0	9.6
火星	1	23	4.8	21	23	14.4
ラーフ	4	16	19.2	26	10	9.6
木星	4	1	14.4	30	12	0.0

木星-水星
アンタラダシャー　2年 3月 6日

プラヤンタ	期間			全体		
ラダシャー	月	日	時	月	日	時
水星	3	25	14.4	3	25	14.4
ケートゥ	1	17	14.4	5	13	4.8
金星	4	16	0.0	9	29	4.8
太陽	1	10	19.2	11	10	0.0
月	2	8	0.0	13	18	0.0
火星	1	17	14.4	15	5	14.4
ラーフ	4	2	9.6	19	8	0.0
木星	3	18	19.2	22	26	19.2
土星	4	9	4.8	27	6	0.0

木星-ケートゥ
アンタラダシャー　0年 11月 6日

プラヤンタ ラダシャー	期間			全体		
	月	日	時	月	日	時
ケートゥ	0	19	14.4	0	19	14.4
金星	1	26	0.0	2	15	14.4
太陽	0	16	19.2	3	2	9.6
月	0	28	0.0	4	0	9.6
火星	0	19	14.4	4	20	0.0
ラーフ	1	20	9.6	6	10	9.6
木星	1	14	19.2	7	25	4.8
土星	1	23	4.8	9	18	9.6
水星	1	17	14.4	11	6	0.0

木星-月
アンタラダシャー　1年 4月 0日

プラヤンタ ラダシャー	期間			全体		
	月	日	時	月	日	時
月	1	10	0.0	1	10	0.0
火星	0	28	0.0	2	8	0.0
ラーフ	2	12	0.0	4	20	0.0
木星	2	4	0.0	6	24	0.0
土星	2	16	0.0	9	10	0.0
水星	2	8	0.0	11	18	0.0
ケートゥ	0	28	0.0	12	16	0.0
金星	2	20	0.0	15	6	0.0
太陽	0	24	0.0	16	0	0.0

木星-金星
アンタラダシャー　2年 8月 0日

プラヤンタ ラダシャー	期間			全体		
	月	日	時	月	日	時
金星	5	10	0.0	5	10	0.0
太陽	1	18	0.0	6	28	0.0
月	2	20	0.0	9	18	0.0
火星	1	26	0.0	11	14	0.0
ラーフ	4	24	0.0	16	8	0.0
木星	4	8	0.0	20	16	0.0
土星	5	2	0.0	25	18	0.0
水星	4	16	0.0	30	4	0.0
ケートゥ	1	26	0.0	32	0	0.0

木星-火星
アンタラダシャー　0年 11月 6日

プラヤンタ ラダシャー	期間			全体		
	月	日	時	月	日	時
火星	0	19	14.4	0	19	14.4
ラーフ	1	20	9.6	2	10	0.0
木星	1	14	19.2	3	24	19.2
土星	1	23	4.8	5	18	0.0
水星	1	17	14.4	7	5	14.4
ケートゥ	0	19	14.4	7	25	4.8
金星	1	26	0.0	9	21	4.8
太陽	0	16	19.2	10	8	0.0
月	0	28	0.0	11	6	0.0

木星-太陽
アンタラダシャー　0年 9月 18日

プラヤンタ ラダシャー	期間			全体		
	月	日	時	月	日	時
太陽	0	14	9.6	0	14	9.6
月	0	24	0.0	1	8	9.6
火星	0	16	19.2	1	25	4.8
ラーフ	1	13	4.8	3	8	9.6
木星	1	8	9.6	4	16	19.2
土星	1	15	14.4	6	2	9.6
水星	1	10	19.2	7	13	4.8
ケートゥ	0	16	19.2	8	0	0.0
金星	1	18	0.0	9	18	0.0

木星-ラーフ
アンタラダシャー　2年 4月 24日

プラヤンタ ラダシャー	期間			全体		
	月	日	時	月	日	時
ラーフ	4	9	14.4	4	9	14.4
木星	3	25	4.8	8	4	19.2
土星	4	16	19.2	12	21	14.4
水星	4	2	9.6	16	24	0.0
ケートゥ	1	20	9.6	18	14	9.6
金星	4	24	0.0	23	8	9.6
太陽	1	13	4.8	24	21	14.4
月	2	12	0.0	27	3	14.4
火星	1	20	9.6	28	24	0.0

表14-9｜土星のマハーダシャーにおけるアンタラダシャーとプラティヤンタルダシャー

土星のマハーダシャー：19年

土星

アンタラダシャー	期間			全体		
	年	月	日	年	月	日
土星	3	0	3	3	0	3
水星	2	8	9	5	8	12
ケートゥ	1	1	9	6	9	21
金星	3	2	0	9	11	21
太陽	0	11	12	10	11	3
月	1	7	0	12	6	3
火星	1	1	9	13	7	12
ラーフ	2	10	6	16	5	18
木星	2	6	12	19	0	0

土星-水星
アンタラダシャー　2年 8月 9日

プラヤンタラダシャー	期間			全体		
	月	日	時	月	日	時
水星	4	17	6.6	4	17	6.6
ケートゥ	1	26	12.6	6	13	19.2
金星	5	11	12.0	11	25	7.2
太陽	1	18	10.8	13	13	18.0
月	2	20	18.0	16	4	12.0
火星	1	26	12.6	18	1	0.6
ラーフ	4	25	8.4	22	26	9.0
木星	4	9	4.8	27	5	13.8
土星	5	3	10.2	32	9	0.0

土星-土星
アンタラダシャー　3年 0月 3日

プラヤンタラダシャー	期間			全体		
	月	日	時	月	日	時
土星	5	21	11.4	5	21	11.4
水星	5	3	10.2	10	24	21.6
ケートゥ	2	3	4.2	12	28	1.8
金星	6	0	12.0	18	28	13.8
太陽	1	24	3.6	20	22	17.4
月	3	0	6.0	23	22	23.4
火星	2	3	4.2	25	26	3.6
ラーフ	5	12	10.8	31	8	14.4
木星	4	24	9.6	36	3	0.0

土星-ケートゥ
アンタラダシャー　1年 1月 9日

プラヤンタラダシャー	期間			全体		
	月	日	時	月	日	時
ケートゥ	0	23	6.6	0	23	6.6
金星	2	6	12.0	2	29	18.6
太陽	0	19	22.8	3	19	17.4
月	1	3	6.0	4	22	23.4
火星	0	23	6.6	5	16	6.0
ラーフ	1	29	20.4	7	16	2.4
木星	1	23	4.8	9	9	7.2
土星	2	3	4.2	11	12	11.4
水星	1	26	12.6	13	9	0.0

土星-金星
アンタラダシャー 3年 2月 0日

プラヤンタ ラダシャー	期間			全体		
	月	日	時	月	日	時
金星	6	10	0.0	6	10	0.0
太陽	1	27	0.0	8	7	0.0
月	3	5	0.0	11	12	0.0
火星	2	6	12.0	13	18	12.0
ラーフ	5	21	0.0	19	9	12.0
木星	5	2	0.0	24	11	12.0
土星	6	0	12.0	30	12	0.0
水星	5	11	12.0	35	23	12.0
ケートゥ	2	6	12.0	38	0	0.0

土星-太陽
アンタラダシャー 0年 11月 12日

プラヤンタ ラダシャー	期間			全体		
	月	日	時	月	日	時
太陽	0	17	2.4	0	17	2.4
月	0	28	12.0	1	15	14.4
火星	0	19	22.8	2	5	13.2
ラーフ	1	21	7.2	3	26	20.4
木星	1	15	14.4	5	12	10.8
土星	1	24	3.6	7	6	14.4
水星	1	18	10.8	8	25	1.2
ケートゥ	0	19	22.8	9	15	0.0
金星	1	27	0.0	11	12	0.0

土星-月
アンタラダシャー 1年 7月 0日

プラヤンタ ラダシャー	期間			全体		
	月	日	時	月	日	時
月	1	17	12.0	1	17	12.0
火星	1	3	6.0	2	20	18.0
ラーフ	2	25	12.0	5	16	6.0
木星	2	16	0.0	8	2	6.0
土星	3	0	6.0	11	2	12.0
水星	2	20	18.0	13	23	6.0
ケートゥ	1	3	6.0	14	26	12.0
金星	3	5	0.0	18	1	12.0
太陽	0	28	12.0	19	0	0.0

土星-火星
アンタラダシャー 1年 1月 9日

プラヤンタ ラダシャー	期間			全体		
	月	日	時	月	日	時
火星	0	23	6.6	0	23	6.6
ラーフ	1	29	20.4	2	23	3.0
木星	1	23	4.8	4	16	7.8
土星	2	3	4.2	6	19	12.0
水星	1	26	12.6	8	16	0.6
ケートゥ	0	23	6.6	9	9	7.2
金星	2	6	12.0	11	15	19.2
太陽	0	19	22.8	12	5	18.0
月	1	3	6.0	13	9	0.0

土星-ラーフ
アンタラダシャー 2年 10月 6日

プラヤンタ ラダシャー	期間			全体		
	月	日	時	月	日	時
ラーフ	5	3	21.6	5	3	21.6
木星	4	16	19.2	9	20	16.8
土星	5	12	10.8	15	3	3.6
水星	4	25	8.4	19	28	12.0
ケートゥ	1	29	20.4	21	28	8.4
金星	5	21	0.0	27	19	8.4
太陽	1	21	7.2	29	10	15.6
月	2	25	12.0	32	6	3.6
火星	1	29	20.4	34	6	0.0

土星-木星
アンタラダシャー 2年 6月 12日

プラヤンタ ラダシャー	期間			全体		
	月	日	時	月	日	時
木星	4	1	14.4	4	1	14.4
土星	4	24	9.6	8	26	0.0
水星	4	9	4.8	13	5	4.8
ケートゥ	1	23	4.8	14	28	9.6
金星	5	2	0.0	20	0	9.6
太陽	1	15	14.4	21	16	0.0
月	2	16	0.0	24	2	0.0
火星	1	23	4.8	25	25	4.8
ラーフ	4	16	19.2	30	12	0.0

表14-10 │ 水星のマハーダシャーにおけるアンタラダシャーとプラティヤンタルダシャー

水星のマハーダシャー：17年

水星

アンタラダシャー	期間			全体		
	年	月	日	年	月	日
水星	2	4	27	2	4	27
ケートゥ	0	11	27	3	4	24
金星	2	10	0	6	2	24
太陽	0	10	6	7	1	0
月	1	5	0	8	6	0
火星	0	11	27	9	5	27
ラーフ	2	6	18	12	0	15
木星	2	3	6	14	3	21
土星	2	8	9	17	0	0

水星-ケートゥ
アンタラダシャー　0年 11月 27日

プラヤンタラダシャー	期間			全体		
	月	日	時	月	日	時
ケートゥ	0	20	19.8	0	20	19.8
金星	1	29	12.0	2	20	7.8
太陽	0	17	20.4	3	8	4.2
月	0	29	18.0	4	7	22.2
火星	0	20	19.8	4	28	18.0
ラーフ	1	23	13.2	6	22	7.2
木星	1	17	14.4	8	9	21.6
土星	1	26	12.6	10	6	10.2
水星	1	20	13.8	11	27	0.0

水星-水星
アンタラダシャー　2年 4月 27日

プラヤンタラダシャー	期間			全体		
	月	日	時	月	日	時
水星	4	2	19.8	4	2	19.8
ケートゥ	1	20	13.8	5	23	9.6
金星	4	24	12.0	10	17	21.6
太陽	1	13	8.4	12	1	6.0
月	2	12	6.0	14	13	12.0
火星	1	20	13.8	16	4	1.8
ラーフ	4	10	1.2	20	14	3.0
木星	3	25	14.4	24	9	17.4
土星	4	17	6.6	28	27	0.0

水星-金星
アンタラダシャー　2年 10月 0日

プラヤンタラダシャー	期間			全体		
	月	日	時	月	日	時
金星	5	20	0.0	5	20	0.0
太陽	1	21	0.0	7	11	0.0
月	2	25	0.0	10	6	0.0
火星	1	29	12.0	12	5	12.0
ラーフ	5	3	0.0	17	8	12.0
木星	4	16	0.0	21	24	12.0
土星	5	11	12.0	27	6	0.0
水星	4	24	12.0	32	0	12.0
ケートゥ	1	29	12.0	34	0	0.0

水星-太陽
アンタラダシャー　0年10月6日

プラヤンタ ラダシャー	期間			全体		
	月	日	時	月	日	時
太陽	0	15	7.2	0	15	7.2
月	0	25	12.0	1	10	19.2
火星	0	17	20.4	1	28	15.6
ラーフ	1	15	21.6	3	14	13.2
木星	1	10	19.2	4	25	8.4
土星	1	18	10.8	6	13	19.2
水星	1	13	8.4	7	27	3.6
ケートゥ	0	17	20.4	8	15	0.0
金星	1	21	0.0	10	6	0.0

水星-月
アンタラダシャー　1年5月0日

プラヤンタ ラダシャー	期間			全体		
	月	日	時	月	日	時
月	1	12	12.0	1	12	12.0
火星	0	29	18.0	2	12	6.0
ラーフ	2	16	12.0	4	28	18.0
木星	2	8	0.0	7	6	18.0
土星	2	20	18.0	9	27	12.0
水星	2	12	6.0	12	9	18.0
ケートゥ	0	29	18.0	13	9	12.0
金星	2	25	0.0	16	4	12.0
太陽	0	25	12.0	17	0	0.0

水星-火星
アンタラダシャー　0年11月27日

プラヤンタ ラダシャー	期間			全体		
	月	日	時	月	日	時
火星	0	20	19.8	0	20	19.8
ラーフ	1	23	13.2	2	14	9.0
木星	1	17	14.4	4	1	23.4
土星	1	26	12.6	5	28	12.0
水星	1	20	13.8	7	19	1.8
ケートゥ	0	20	19.8	8	9	21.6
金星	1	29	12.0	10	9	9.6
太陽	0	17	20.4	10	27	6.0
月	0	29	18.0	11	27	0.0

水星-ラーフ
アンタラダシャー　2年6月18日

プラヤンタ ラダシャー	期間			全体		
	月	日	時	月	日	時
ラーフ	4	17	16.8	4	17	16.8
木星	4	2	9.6	8	20	2.4
土星	4	25	8.4	13	15	10.8
水星	4	10	1.2	17	25	12.0
ケートゥ	1	23	13.2	19	19	1.2
金星	5	3	0.0	24	22	1.2
太陽	1	15	21.6	26	7	22.8
月	2	16	12.0	28	24	10.8
火星	1	23	13.2	30	18	0.0

水星-木星
アンタラダシャー　2年3月6日

プラヤンタ ラダシャー	期間			全体		
	月	日	時	月	日	時
木星	3	18	19.2	3	18	19.2
土星	4	9	4.8	7	28	0.0
水星	3	25	14.4	11	23	14.4
ケートゥ	1	17	14.4	13	11	4.8
金星	4	16	0.0	17	27	4.8
太陽	1	10	19.2	19	8	0.0
月	2	8	0.0	21	16	0.0
火星	1	17	14.4	23	3	14.4
ラーフ	4	2	9.6	27	6	0.0

水星-土星
アンタラダシャー　2年8月9日

プラヤンタ ラダシャー	期間			全体		
	月	日	時	月	日	時
土星	5	3	10.2	5	3	10.2
水星	4	17	6.6	9	20	16.8
ケートゥ	1	26	12.6	11	17	5.4
金星	5	11	12.0	16	28	17.4
太陽	1	18	10.8	18	17	4.2
月	2	20	18.0	21	7	22.2
火星	1	26	12.6	23	4	10.8
ラーフ	4	25	8.4	27	29	19.2
木星	4	9	4.8	32	9	0.0

表14-11 ケートゥのマハーダシャーにおけるアンタラダシャーとプラティヤンタルダシャー

ケートゥのマハーダシャー：7年

ケートゥ

アンタラダシャー	期間			全体		
	年	月	日	年	月	日
ケートゥ	0	4	27	0	4	27
金星	1	2	0	1	6	27
太陽	0	4	6	1	11	3
月	0	7	0	2	6	3
火星	0	4	27	2	11	0
ラーフ	1	0	18	3	11	18
木星	0	11	6	4	10	24
土星	1	1	9	6	0	3
水星	0	11	27	7	0	0

ケートゥ-金星
アンタラダシャー　1年 2月 0日

プラヤンタ ラダシャー	期間			全体		
	月	日	時	月	日	時
金星	2	10	0.0	2	10	0.0
太陽	0	21	0.0	3	1	0.0
月	1	5	0.0	4	6	0.0
火星	0	24	12.0	5	0	12.0
ラーフ	2	3	0.0	7	3	12.0
木星	1	26	0.0	8	29	12.0
土星	2	6	12.0	11	6	0.0
水星	1	29	12.0	13	5	12.0
ケートゥ	0	24	12.0	14	0	0.0

ケートゥ-ケートゥ
アンタラダシャー　0年 4月 27日

プラヤンタ ラダシャー	期間			全体		
	月	日	時	月	日	時
ケートゥ	0	8	13.8	0	8	13.8
金星	0	24	12.0	1	3	1.8
太陽	0	7	8.4	1	10	10.2
月	0	12	6.0	1	22	16.2
火星	0	8	13.8	2	1	6.0
ラーフ	0	22	1.2	2	23	7.2
木星	0	19	14.4	3	12	21.6
土星	0	23	6.6	4	6	4.2
水星	0	20	19.8	4	27	0.0

ケートゥ-太陽
アンタラダシャー　0年 4月 6日

プラヤンタ ラダシャー	期間			全体		
	月	日	時	月	日	時
太陽	0	6	7.2	0	6	7.2
月	0	10	12.0	0	16	19.2
火星	0	7	8.4	0	24	3.6
ラーフ	0	18	21.6	1	13	1.2
木星	0	16	19.2	1	29	20.4
土星	0	19	22.8	2	19	19.2
水星	0	17	20.4	3	7	15.6
ケートゥ	0	7	8.4	3	15	0.0
金星	0	21	0.0	4	6	0.0

ケートゥ-月
アンタラダシャー　0年 7月 0日

プラヤンタ ラダシャー	期間 月	日	時	全体 月	日	時
月	0	17	12.0	0	17	12.0
火星	0	12	6.0	0	29	18.0
ラーフ	1	1	12.0	2	1	6.0
木星	0	28	0.0	2	29	6.0
土星	1	3	6.0	4	2	12.0
水星	0	29	18.0	5	2	6.0
ケートゥ	0	12	6.0	5	14	12.0
金星	1	5	0.0	6	19	12.0
太陽	0	10	12.0	7	0	0.0

ケートゥ-木星
アンタラダシャー　0年 11月 6日

プラヤンタ ラダシャー	期間 月	日	時	全体 月	日	時
木星	1	14	19.2	1	14	19.2
土星	1	23	4.8	3	8	0.0
水星	1	17	14.4	4	25	14.4
ケートゥ	0	19	14.4	5	15	4.8
金星	1	26	0.0	7	11	4.8
太陽	0	16	19.2	7	28	0.0
月	0	28	0.0	8	26	0.0
火星	0	19	14.4	9	15	14.4
ラーフ	1	20	9.6	11	6	0.0

ケートゥ-火星
アンタラダシャー　0年 4月 27日

プラヤンタ ラダシャー	期間 月	日	時	全体 月	日	時
火星	0	8	13.8	0	8	13.8
ラーフ	0	22	1.2	1	0	15.0
木星	0	19	14.4	1	20	5.4
土星	0	23	6.6	2	13	12.0
水星	0	20	19.8	3	4	7.8
ケートゥ	0	8	13.8	3	12	21.6
金星	0	24	12.0	4	7	9.6
太陽	0	7	8.4	4	14	18.0
月	0	12	6.0	4	27	0.0

ケートゥ-土星
アンタラダシャー　1年 1月 9日

プラヤンタ ラダシャー	期間 月	日	時	全体 月	日	時
土星	2	3	4.2	2	3	4.2
水星	1	26	12.6	3	29	16.8
ケートゥ	0	23	6.6	4	22	23.4
金星	2	6	12.0	6	29	11.4
太陽	0	19	22.8	7	19	10.2
月	1	3	6.0	8	22	16.2
火星	0	23	6.6	9	15	22.8
ラーフ	1	29	20.4	11	15	19.2
木星	1	23	4.8	13	9	0.0

ケートゥ-ラーフ
アンタラダシャー　1年 0月 18日

プラヤンタ ラダシャー	期間 月	日	時	全体 月	日	時
ラーフ	1	26	16.8	1	26	16.8
木星	1	20	9.6	3	17	2.4
土星	1	29	20.4	5	16	22.8
水星	1	23	13.2	7	10	12.0
ケートゥ	0	22	1.2	8	2	13.2
金星	2	3	0.0	10	5	13.2
太陽	0	18	21.6	10	24	10.8
月	1	1	12.0	11	25	22.8
火星	0	22	1.2	12	18	0.0

ケートゥ-水星
アンタラダシャー　0年 11月 27日

プラヤンタ ラダシャー	期間 月	日	時	全体 月	日	時
水星	1	20	13.8	1	20	13.8
ケートゥ	0	20	19.8	2	11	9.6
金星	1	29	12.0	4	10	21.6
太陽	0	17	20.4	4	28	18.0
月	0	29	18.0	5	28	12.0
火星	0	20	19.8	6	19	7.8
ラーフ	1	23	13.2	8	12	21.0
木星	1	17	14.4	10	0	11.4
土星	1	26	12.6	11	27	0.0

表14-12 | 金星のマハーダシャーにおけるアンタラダシャーとプラティヤンタルダシャー

金星のマハーダシャー：20年

金星

アンタラダシャー	期間			全体		
	年	月	日	年	月	日
金星	3	4	0	3	4	0
太陽	1	0	0	4	4	0
月	1	8	0	6	0	0
火星	1	2	0	7	2	0
ラーフ	3	0	0	10	2	0
木星	2	8	0	12	10	0
土星	3	2	0	16	0	0
水星	2	10	0	18	10	0
ケートゥ	1	2	0	20	0	0

金星-太陽
アンタラダシャー　1年 0月 0日

プラヤンタラダシャー	期間			全体		
	月	日	時	月	日	時
太陽	0	18	0.0	0	18	0.0
月	1	0	0.0	1	18	0.0
火星	0	21	0.0	2	9	0.0
ラーフ	1	24	0.0	4	3	0.0
木星	1	18	0.0	5	21	0.0
土星	1	27	0.0	7	18	0.0
水星	1	21	0.0	9	9	0.0
ケートゥ	0	21	0.0	10	0	0.0
金星	2	0	0.0	12	0	0.0

金星-金星
アンタラダシャー　3年 4月 0日

プラヤンタラダシャー	期間			全体		
	月	日	時	月	日	時
金星	6	20	0.0	6	20	0.0
太陽	2	0	0.0	8	20	0.0
月	3	10	0.0	12	0	0.0
火星	2	10	0.0	14	10	0.0
ラーフ	6	0	0.0	20	10	0.0
木星	5	10	0.0	25	20	0.0
土星	6	10	0.0	32	0	0.0
水星	5	20	0.0	37	20	0.0
ケートゥ	2	10	0.0	40	0	0.0

金星-月
アンタラダシャー　1年 8月 0日

プラヤンタラダシャー	期間			全体		
	月	日	時	月	日	時
月	1	20	0.0	1	20	0.0
火星	1	5	0.0	2	25	0.0
ラーフ	3	0	0.0	5	25	0.0
木星	2	20	0.0	8	15	0.0
土星	3	5	0.0	11	20	0.0
水星	2	25	0.0	14	15	0.0
ケートゥ	1	5	0.0	15	20	0.0
金星	3	10	0.0	19	0	0.0
太陽	1	0	0.0	20	0	0.0

金星-火星
アンタラダシャー　1年2月0日

プラヤンタ	期間			全体		
ラダシャー	月	日	時	月	日	時
火星	0	24	12.0	0	24	12.0
ラーフ	2	3	0.0	2	27	12.0
木星	1	26	0.0	4	23	12.0
土星	2	6	12.0	7	0	0.0
水星	1	29	12.0	8	29	12.0
ケートゥ	0	24	12.0	9	24	0.0
金星	2	10	0.0	12	4	0.0
太陽	0	21	0.0	12	25	0.0
月	1	5	0.0	14	0	0.0

金星-ラーフ
アンタラダシャー　3年0月0日

プラヤンタ	期間			全体		
ラダシャー	月	日	時	月	日	時
ラーフ	5	12	0.0	5	12	0.0
木星	4	24	0.0	10	6	0.0
土星	5	21	0.0	15	27	0.0
水星	5	3	0.0	21	0	0.0
ケートゥ	2	3	0.0	23	3	0.0
金星	6	0	0.0	29	3	0.0
太陽	1	24	0.0	30	27	0.0
月	3	0	0.0	33	27	0.0
火星	2	3	0.0	36	0	0.0

金星-木星
アンタラダシャー　2年8月0日

プラヤンタ	期間			全体		
ラダシャー	月	日	時	月	日	時
木星	4	8	0.0	4	8	0.0
土星	5	2	0.0	9	10	0.0
水星	4	16	0.0	13	26	0.0
ケートゥ	1	26	0.0	15	22	0.0
金星	5	10	0.0	21	2	0.0
太陽	1	18	0.0	22	20	0.0
月	2	20	0.0	25	10	0.0
火星	1	26	0.0	27	6	0.0
ラーフ	4	24	0.0	32	0	0.0

金星-土星
アンタラダシャー　3年2月0日

プラヤンタ	期間			全体		
ラダシャー	月	日	時	月	日	時
土星	6	0	12.0	6	0	12.0
水星	5	11	12.0	11	12	0.0
ケートゥ	2	6	12.0	13	18	12.0
金星	6	10	0.0	19	28	12.0
太陽	1	27	0.0	21	25	12.0
月	3	5	0.0	25	0	12.0
火星	2	6	12.0	27	7	0.0
ラーフ	5	21	0.0	32	28	0.0
木星	5	2	0.0	38	0	0.0

金星-水星
アンタラダシャー　2年10月0日

プラヤンタ	期間			全体		
ラダシャー	月	日	時	月	日	時
水星	4	24	12.0	4	24	12.0
ケートゥ	1	29	12.0	6	24	0.0
金星	5	20	0.0	12	14	0.0
太陽	1	21	0.0	14	5	0.0
月	2	25	0.0	17	0	0.0
火星	1	29	12.0	18	29	12.0
ラーフ	5	3	0.0	24	2	12.0
木星	4	16	0.0	28	18	12.0
土星	5	11	12.0	34	0	0.0

金星-ケートゥ
アンタラダシャー　1年2月0日

プラヤンタ	期間			全体		
ラダシャー	月	日	時	月	日	時
ケートゥ	0	24	12.0	0	24	12.0
金星	2	10	0.0	3	4	12.0
太陽	0	21	0.0	3	25	12.0
月	1	5	0.0	5	0	12.0
火星	0	24	12.0	5	25	0.0
ラーフ	2	3	0.0	7	28	0.0
木星	1	26	0.0	9	24	0.0
土星	2	6	12.0	12	0	12.0
水星	1	29	12.0	14	0	0.0

さらなる細かい分割

PD或いはサブサブダシャーは、シュクシュマダシャーへとさらなる分割に導くプラーナダシャーに分かれる。シュクシュマダシャーとプラーナダシャーは、出来事の非常に精密なタイミングを可能にする。しかしながら、それらの使用は必ずしも可能ではない誕生時間の正確な記録を必要とする。

ヨーギニダシャー

ヨーギニダシャーは36年周期のダシャーサイクルである。それぞれの特定の支配星のもとにそれぞれのダシャーの支配星として８つのヨーギニダシャーがある。これが表14-13に示される。

表14-13｜ヨーギニダシャー

	ヨーギニダシャー	支配星	期間
1	マンガラ	月	1年
2	ピンガラ	太陽	2年
3	ダーニャ	木星	3年
4	ブラマリ	火星	4年
5	バドリカ	水星	5年
6	ウルカ	土星	6年
7	シッダ	金星	7年
8	サンカタ	ラーフ／ケートゥ	8年
			36年

出生時間に対応するヨーギニダシャーは月のナクシャトラに３を加えて８で割ることによって得られる。残りの数は上記に与えられた順番に応じて、出生時間に機能するヨーギニダシャーの数を与える。

ヴィムショッタリダシャーにおけるように、ヨーギニダシャーの期間配分はナクシャトラの残りの部分から決定されなければならない。表14-14、表

14-15、表14-16、表14-17は誕生に作用するヨーギニダシャーの情報を与える。

　これらはジャンジとシャルマによる『ヨーギニダシャーの応用』から引用されている。読者はそこからさらなる情報を参照できる。このダシャーは的確な予言であるため、インドの古い賢い、特にヒマラヤ山脈一帯の占星術師よって広く用いられている。

表14-14｜ナクシャトラとヨーギニダシャー

	ヨーギニダシャー	支配星
1	マンガラ	アールドラー、チトラ、シュラヴァナー
2	ピンガラ	プナルバス、スワティ、ダニシュター
3	ダーニャ	プシャヤ、ヴィシャカ、シャタビシャ
4	ブラマリ	アーシュレーシャ、アヌラーダ、プールバアーシャダー、アシュヴィニ
5	バドリカ	マガー、ジェースター、ウッタラパードラパダ、バーラニ
6	ウルカ	プールバパールグニー、ムーラ、レヴァティ、クリッティカ
7	シッダ	ウッタラパールグニー、プールバアーシャダー、ローヒニー
8	サンカタ	ハスタ、ウッタラアーシャダー、ムリガシラ

表14-15｜月の度数によるヨーギニダシャー

月の度数	星座	ダシャー	星座	ダシャー	星座	ダシャー
0°00′ - 13°20′		ブラマリ		バドリカ		ウルカ
13°20′ - 26°40′	牡羊座	バドリカ	獅子座	ウルカ	射手座	シッダ
26°40′ - 30°00′		ウルカ		シッダ		サンカタ
0°00′ - 10°00′		ウルカ		シッダ		サンカタ
10°00′ - 23°20′	牡牛座	シッダ	乙女座	サンカタ	山羊座	マンガラ
23°20′ - 30°00′		サンカタ		マンガラ		ピンガラ
0°00′ - 6°40′		サンカタ		マンガラ		ピンガラ
6°40′ - 20°00′	双子座	マンガラ	天秤座	ピンガラ	水瓶座	ダーニャ
20°00′ - 30°00′		ピンガラ		ダーニャ		ブラマリ
0°00′ - 3°20′		ピンガラ		ダーニャ		ブラマリ
3°20′ - 16°40′	蟹座	ダーニャ	蠍座	バラマリ	魚座	バドリカ
16°40′ - 30°00′		ブラマリ		バドリカ		ウルカ

表14-16 | ヨーギニダシャーの主要期間とサブ期間

ヨーギニ / サブ期間	マンガラ(1年)		ピンガラ(2年)		ダーニャ(3年)		ブラマリ(4年)	
	サブ期間	全体	サブ期間	全体	サブ期間	全体	サブ期間	全体
	年-日-時	年-日-時	年-日-時	年-日-時	年-日-時	年-日-時	年-日-時	年-日-時
マンガラ	0-0-10	0-0-10	-	-	-	-	-	-
ピンガラ	0-0-20	0-1-00	0-1-10	0-1-10	-	-	-	-
ダーニャ	0-1-00	0-2-00	0-2-00	0-3-10	0-3-0	0-3-0	-	-
ブラマリ	0-1-10	0-3-10	0-2-20	0-6-0	0-4-0	0-7-0	0-5-10	0-5-10
バドリカ	0-1-20	0-5-00	0-3-10	0-9-10	0-5-0	1-0-0	0-6-20	1-0-0
ウルカ	0-2-00	0-7-00	0-4-00	1-1-10	0-6-0	1-5-0	0-8-00	1-8-0
シッダ	0-2-10	0-9-00	0-4-20	1-6-0	0-7-0	2-1-0	0-9-10	2-5-10
サンカタ	0-2-20	1-0-00	0-5-10	1-11-10	0-8-0	2-9-0	0-10-20	3-4-0
マンガラ	-	-	0-2-0	2-0-0	0-1-0	2-10-0	0-1-10	3-5-10
ピンガラ	-	-	-	-	0-2-0	3-0-0	0-2-20	3-8-0
ダーニャ	-	-	-	-	-	-	0-4-00	4-0-0
ブラマリ	-	-	-	-	-	-	-	-
バドリカ	-	-	-	-	-	-	-	-
ウルカ	-	-	-	-	-	-	-	-
シッダ	-	-	-	-	-	-	-	-

表14-17 | ヨーギニマハーダシャー下のいろいろなアンタラダシャーの性質

マハーダシャー（MD）	アンタラダシャー
	吉意
1 マンガラ	マンガラ、ダーニャ、バドリカ、シッダ
2 ピンガラ	マンガラ、ピンガラ、ダーニャ、バドリカ
3 ダーニャ	マンガラ、ダーニャ、バドリカ、シッダ
4 ブラマリ	マンガラ、ピンガラ、シッダ
5 バドリカ	マンガラ、ピンガラ、ダーニャ、バドリカ、シッダ
6 ウルカ	―
7 シッダ	マンガラ、ダーニャ、バドリカ、シッダ
8 サンカタ	シッダ

バドリカ(5年)		ウルカ(6年)		シッダ(7年)		サンカタ(8年)	
サブ期間	全体	サブ期間	全体	サブ期間	全体	サブ期間	全体
年-日-時	年-日-時	年-日-時	年-日-時	年-日-時	年-日-時	年-日-時	年-日-時
-	-	-	-	-	-	-	-
-	-	-	-	-	-	-	-
-	-	-	-	-	-	-	-
-	-	-	-	-	-	-	-
0-8-10	0-8-10	-	-	-	-	-	-
0-10-00	1-6-10	1-0-0	1-0-0	-	-	-	-
0-11-20	2-6-0	1-2-0	2-2-0	1-4-10	1-4-10	-	-
1-1-10	3-7-10	1-4-0	3-6-0	1-6-20	2-11-0	1-9-10	1-9-10
0-1-20	3-9-0	0-2-0	3-8-0	0-2-10	3-1-10	0-2-20	2-0-0
0-3-10	4-0-10	0-4-0	4-0-0	0-4-20	3-6-0	0-5-10	2-5-10
0-5-00	4-5-10	0-6-0	4-6-0	0-7-0	4-1-0	0-8-0	3-1-10
0-6-20	5-0-0	0-8-0	5-2-0	0-9-10	4-10-10	0-10-20	4-0-0
-	-	0-10-0	6-0-0	0-11-20	5-10-0	1-1-10	5-1-10
-	-	-	-	1-2-00	7-0-0	1-4-0	6-5-10
-	-	-	-	-	-	1-6-20	8-0-0

アンタラダシャー	
凶意	中立
ピンガラ、バラニ、ウルカ、サンカタ	—
ブラマリ、ウルカ、サンカタ	シッダ
ピンガラ、ブラマリ、ウルカ、サンカタ	—
ピンガラ、ブラマリ、ウルカ、サンカタ	バドリカ
ウルカ、サンカタ	ブラマリ
ピンガラ、ダーニャ、ブラマリ、バドリカ、ウルカ、シッダ、サンカタ	マンガラ
ピンガラ、ブラマリ、ウルカ、サンカタ	—
マンガラ、ピンガラ、ダーニャ、ブラマリ、ウルカ、サンカタ	バドリカ

15

ヴィムショッタリダシャー の解釈

プラクリティは、私を監督官として、
動不動の万物を生み出す。
この故に世界は開展するのである。

「バガヴァバッド・ギータ第9章10」（上村勝彦訳　岩波文庫）より

　惑星はダシャー期間が働いているときだけ結果を生み出す。惑星のMDの範囲内で、すべての惑星のADはお互いに機能する。同様に、それぞれのADにおいて機能している異なる惑星の中でPDは機能する。MDはADの使用によって狭められる幅広いタイミングを与える。PDは数か月の範囲内でさらにそれを狭める。シュクシュマダシャーとプラーナダシャーはもし的確に計算できるならば、イベントの時間を非常に狭く絞ることができる。

　惑星は、以下の結果を生み出す。
１．惑星の固有の性質に従い他の惑星に向けての惑星の生来的性質を含む。
２．ラーシチャート同様に分割図においてもホロスコープにおける惑星の
　　性質に従う。

マハーダシャー

惑星のダシャーの結果を支配する原則は、以下のとおりである。

1．良い結果は強いダシャーの支配星、即ち吉星と関わりやアスペクトの
　ある、高揚、定座、ムーラトリコーナ、友好星座であるダシャーの支配
　星によって生み出される。或いはケンドラ、トリコーナ、或いは第11
　室や2室、第9室或いは10室のような良いハウスと関わると良い結果
　が生じる。

2．悪い結果は即ち減衰、敵対ハウス、コンバスト、第6、8、12室在住、
　凶星との絡み或いはアスペクトのもとにあるダシャーの支配星によって
　悪い結果が生じる。

3．良い結果を生むタイミング：星座の第1ドレッカナに位置する惑星は
　ダシャーの始めにおいて良い結果を生じる。星座の第2ドレッカナに位
　置する惑星はダシャーの中間の時期にその結果を生じる。星座の第3ド
　レッカナに位置する惑星はダシャーのその結果はダシャーの後半の時期
　になってその結果が明らかになる。

　逆行の惑星に関しては、上記の順序は逆になって現れる。

4．ハウスの所有：ダシャーの支配星によるハウス支配は非常に重要であ
　る。その支配星のダシャーの間、ハウスは突然活発になり、それに関係
　するイベントは強さ、弱さやその支配星の傷つきの程度に応じて、いろ
　いろなやり方で現れてくる。

いろいろな惑星のマハーダシャーの結果を以下に簡潔に述べる。

太陽のダシャー

幸運である時

財産の獲得、いろいろなやすらぎ、支配者からの恩恵、地位の向上、第5室の支配星との関わる時：子供の誕生、第2室の支配星との関わる時：繁栄、乗り物、第4室の支配星との関わる時：乗り物

不運である時

悲惨、財産の喪失、支配者からの不利益、外国の居住、地位の喪失、罰、友達と親戚からの敵対、父親の喪失

月のダシャー

幸運である時

広く有名になる、繁栄、家庭での幸運な出来事、支配者との交際、事業の達成、王からの利益、地位の向上、子供の誕生、牛の成長、白い布の獲得、第2室にある時特によいことがある

不運である時

財産の喪失、身体的精神的苦痛、召使からのトラブル、母親との関係についての心配、支配者の敵対

火星のダシャー

幸運である時

地位の向上、土地からの利益、財産の獲得、王室からの支持、乗り物や織物の獲得、外国の土地の獲得、一般的に兄弟運はよい

ケンドラ或いは第3室にある時：個人の努力を通しての獲得、戦争における勝利、王室の支持。そしてダシャーの前半においていろいろな慰めを得る。後半でいくつかのよくない結果を得る。

不運である時

顔の損傷、敵対者による支配、病気、事故の傾向

 ## ラーフのダシャー

幸運である時

いろいろな楽しみ、繁栄、宗教的傾向、吉事の祝い事、外国での名誉、外国の支配者による承認

不運である時

解任、精神的悩み、妻子を失う、不潔な食事、肉体的苦痛、財の損失、ダシャーの中ほどの期間は比較的快適である

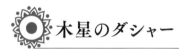 ## 木星のダシャー

幸運である時

地位の向上、いくつかの楽しみ、王室の恩恵、乗り物の獲得、神やブラーミンへの崇拝、妻や子供からの慰め、ヴェーダの詠唱や讃歌の研究、王の美徳を通しての達成や一般的な良い結果

不運である時

解任、精神的苦痛、牛の喪失、巡礼、ダシャーの前半はつらいが次第に後半に従ってよくなる

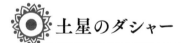 ## 土星のダシャー

幸運である時

支配者からの恩恵、宗教的追求、学習と財産、地位の向上、いろいろな物質的楽しみ

不運である時

解任、大きな恐怖、両親を失う、妻子の病気、不吉な出来事、投獄等

【注記】

土星は吉星と関わったりアスペクトを受けたり、ケンドラ、トリコーナ或いは第11室に在住したり、木星支配の星座（射手座、魚座）にあると、特によくなる。

水星のダシャー

幸運である時

大きな慰め、財と繁栄、有名な、知識と学識の獲得、慶事と徳のある行為、よい健康、よい食物、ビジネスからの稼ぎ

不運である時

国王の激怒、精神的苦しみ、親戚からの反対、外国旅行、奴隷、泌尿器の病気、喜びと財を失う、泥棒と火事の恐れ、牛と土地の喪失、ダシャーの始めは一般的によい、ダシャーの中ほどは支配者の支持、ダシャーの最後の部分は面倒な結果となる

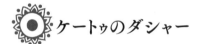

ケートゥのダシャー

幸運である時

欲しい物の獲得、村や町或いは国の支配、外国旅行、いろいろな慰め

不運である時

投獄、親しい人を失う、解任、精神的苦悶、病気、下層階級の人との交際

【注記】

第3、6、11室のケートゥはダシャーの最初は地位が上がっていくが、中ほどで恐れをもち、ダシャーの最終段階では遠方へ旅行する。

金星のダシャー

幸運である時

王の地位、乗り物、よい衣服、装飾品、よい食事、支配者からの支持、よい家、大きな財産、結婚、軍隊における高い地位、すべての方角から獲得する

不運である時

身近な人や親しい人との敵対、女性達からのトラブル、職業的地位の喪失、身近な人や親しい人との別離。第2室或いは第7室の支配星としての金星はそのダシャーの間、病気の原因となる

アンタラダシャーあるいはサブ期間

いろいろの惑星は、マハーダシャー（MD）の期間中にアンタラダシャー（AD）がある。

それらの期間がいいか悪いかは、以下の条件による。

1．MDの支配星が良い配置か悪い配置か
2．ADの支配星が良い配置か悪い配置か

　　ADの支配星はMDの支配星による全体の制約の中で機能する。MDの支配星によって約束される結果は、適切なADの中で明らかになる。特定のADが吉になるか凶になるかはADの支配星の位置次第である。一方で、次の要素が特定のADの支配星の性質を決定する際に考慮されなければならない。

3．幸運の時：以下の時、ADの支配星が良い影響を与える。
　(a)　高揚、定座、或いはムーラトリコーナの星座
　(b)　ケンドラかトリコーナに在住する
　(c)　第11室に在住する

(d)　生来的吉星と関わるかアスペクトしている

(e)　第9室の支配星か第10室の支配星かヨガカラカの惑星との関わりがある

(f)　MDの支配星からみてケンドラかトリコーナに位置している

4．不運の時：これはADの支配星が以下の時に起こる。

(a)　弱い、減衰している、コンバスト、敵対ハウスに在住

(b)　トリカハウスに位置している

(c)　生来的凶星に影響されている

(d)　トリカの支配星によって影響されている

(e)　MDの支配星からみて敵対ハウス（6、8、12）に位置している

(f)　上記で傷つくがさらに付け加えると、第2室と第7室の支配星で起こる。この状況において、それは突極的には「死」或いは「身体的病気」の原因となる。これは特にADの支配星がトリカハウスの支配星である時に起こる

　惑星の主要時期におけるいろいろのアンタラダシャーの結果は、以下に簡潔に記述される。これらは主にパラーシャラの見解に基づいている。

太陽のマハーダシャー期におけるアンタラダシャー

太陽

幸運である時
いろいろなものの獲得、繁栄、職業的地位の向上

不運である時
過剰な支出、胆汁の過剰、近所や親しい人の不幸、突然の死

月

幸運である時
吉事の機会（結婚等）、繁栄、女性からの恩恵、財の獲得、支配者からの

支持を通じて願望成就する、家・土地・牛・乗り物のような財産の源泉の増殖、妻や子供からの慰労、幸運、栄光、衣料と装飾品の獲得、敵との妥協

不運である時

妻や子供とのトラブル、議論への関わり、支配者への反対、精神的苦痛、溺死の恐れ、投獄、息子の悩み、不潔な食物、泌尿器系疾患、突然の死

火星

幸運である時

慶事の儀式、家・土地と農業の取得、財の獲得、支配者からの恩恵、軍の指導者、心の安定、敵の破壊、赤みがかった衣服や貴重な石の獲得、一般的にはよき兄弟の存在

不運である時

歪められた差別、精神的苦痛、事業の失敗、支配者から獲得した財を失う、身体的病気、近隣の人を失う、事故に遭う傾向、幽閉、一般的によくない結果

ラーフ

幸運である時

ラーフのADの最初の2か月は財の喪失や一般的な懸念の原因となる、泥棒や蛇や事故が心配ごとの原因となる、2か月後に良い結果が確認される。支配者からの恩恵と幸運がその結果である。

不運である時

幽閉、投獄、追放、泥棒、事故、盗難の恐れ、土地や家等の喪失、突然の死の危険

木星

幸運である時

慶事の儀式、王の恩恵、財の獲得、子供の誕生、欲しい物を得る、慈悲や宗教的行為の傾向、神やグルへの奉仕、精神的平和や徳のある事業

不運である時

妻や子供と同様本人への身体的病気、王の激怒、精神的苦痛、欲しいものを失う

土星

幸運である時
敵がいなくなる、財の獲得、慶事の儀式、王室の恩恵

不運である時
慢性的な痛みを伴う病気、投獄、仕事や財を失う、大きな心配事、予期せぬ敵、両親との別れ

水星

幸運である時
地位を得る、王室の恩恵、乗り物・装飾品・よい衣服の獲得、妻や子供へのよい健康、宗教的行為に耽る、結婚や出産のような慶事が起こる、規定された宗教的儀式の実行、有名な、名誉と報酬

不運である時
身体的病気、精神的苦悶、妻や子供の悪い健康、目的のないさまよい

ケートゥ

幸運である時
ケートゥはもし太陽がウパチャヤ（第3、6、10室そして11室）にあるか、ヨガカラカの惑星が関わるか、吉星が分割図にあるならば太陽のMDにおいて良い結果を生み出す、地位の上昇と一般的に良い結果が生じる

不運である時
身体的病気、精神的苦悶、増加する支出、王の激怒、口腔と歯の病気、泌尿器の病気、家からの追放、父親の喪失、不吉な知らせ、突然の死

金星

幸運である時
欲しい物を手に入れる、よき人や力のある人との交際、王室の恩恵、地位

の向上、よい食物、宝石や財産の獲得

不運である時

支配者の怒り、精神的虐待、子供・妻・財をなくす、追放、身体的楽しみを奪う、突然の死、ダシャーの始まりは普通の結果、ダシャーの真ん中はよい結果、ダシャーの最後の部分は非常によくない結果を生じる。

月のマハーダシャー期におけるアンタラダシャー

月

幸運である時

よい衣服や馬や乗物のような楽しめる物を獲得する、神やグルへの奉仕、聖歌の詠唱、地位の上昇、繁栄

不運である時

財の喪失、家からの追放、怠惰と過剰な睡眠、精神的虐待、母親の病気、監禁と突然の死

火星

幸運である時

大きな幸運、王室の恩恵、衣服と装飾品の獲得、個人的努力を通じての達成、馬・土地・ビジネスからの獲得

不運である時

ビジネスの損失、肉体的病気、近隣の親しい人との別れ、支配者の怒り、弱い消化力

ラーフ

幸運である時

すべての事業における成功、西洋諸国の支配者からの恩恵、乗り物や装飾品の獲得、巡礼、宗教的事業

　これらの結果はラーフがラグナからみたウパチャヤハウス或いはMDの支配星からみた吉ハウス（ケンドラ、トリコーナ、第3、11室）の時、確実なものとなる。

不運である時

　職場からの追放、精神的苦悶、見えない恐怖、敵による支配と虐待、毒のある動物（蛇、サソリ等）に対する恐れ、顔の損傷、支配者の激怒

【注記】
　ラーフがケンドラやトリコーナにある時でさえもよくない結果を生む。

木星

幸運である時

　強化された地位、王室の恩恵、財の獲得、子供の誕生、慶事の機会、土地と乗り物の取得、欲望の充足、勇敢な行為、一般的な繁栄

不運である時

　不吉な出来事、追放、子供と子孫の喪失、土地・乗り物・家の喪失、不潔な食物、外国を放浪する、突然の死

土星

幸運である時

　財の獲得、友達と子供達からの利益、王室の恩恵、巡礼、奴隷の王からの恩恵

不運である時

　敵からの迷惑、身体的な病気、理由のない恐れ、悲しい知らせ

水星

幸運である時

　強化された収入と地位、経典の研究、増加した知識と学識、議論、ビジネスにおける収入、結婚と出産、宗教的儀式、学者との交際、宝石の獲得

不運である時

　身体的病気、農業と商業における損失、制限、妻子のトラブル

ケートゥ

幸運である時
財の獲得、宗教的行為、牛から収入の増加
不運である時
精神的不安定、低い階層の人々への憎しみ、突然の議論、身体的病気

金星

幸運である時
地位の向上、王の恩恵を通じての衣服・乗り物・装飾品の獲得、牛から得る利益、新居の居住、よい食物、よい健康、何人かの可愛い女性との交際、娘の誕生、一般的な繁栄
不運である時
外国の住居、痛みのある病気、盗難の恐れ、突然の死

太陽

幸運である時
失われた財や地位の獲得、増加した収入、家庭でのよき出来事、土地からの利益、息子の誕生、よい健康
不運である時
盗難・蛇・支配者からの恐れ、熱病、怠惰、外国の住居

 # 火星のマハーダシャー期におけるアンタラダシャー

火星

幸運である時
支配者の権威を通じての名声、財の増殖、失われた財と地位の獲得、馬・土地・牛からの利益
不運である時

武器や火による怪我、盗難・蛇・王からの恐れ、泌尿器系の病気、心身の苦痛

ラーフ

幸運である時

支配者による名誉、家や土地からの収入、ビジネスにおける成功、聖なる川での沐浴、外国訪問

不運である時

盗難・蛇・王からの恐れ、牛の喪失、監禁、財の喪失と突然の死

木星

幸運である時

強化された地位、王室の恩恵、一般的な繁栄、慶事、土地と家の増殖、よい健康、牛からの利益、成功したビジネス、妻と子供からの癒し

不運である時

地位の没落、支配者の怒り、召使いと兄弟の喪失、熱病、ピッタ或いは胆汁の過剰、突然の死

土星

幸運である時

職業上の向上、地位の獲得、幸運、支配者による名誉、子供や孫への癒し

不運である時

外国の異教徒の王からの恐怖、投獄、身体的病気、旅行における損失、精神的苦悩、泥棒と火事からの怪我、兄弟の喪失、悲劇的出来事、突然死

【注記】

土星はMDロードの火星からみてケンドラあるいはトリコーナに位置する時は悪い。火星から第8、12室の時はより悪い。

水星

幸運である時

徳のある人との交際、宗教的傾向、信心深い行為、評判や名声、規定された道の遂行、よい食物、地位の向上、牛・衣服・乗り物の獲得、農業からの稼ぎ、軍隊の指揮、増大する学識、一般的な繁栄

不運である時

顔の損傷、心臓病、幽閉、敵の増加、外国居住、差別化できる能力の不足、泥棒や火事からの恐れ、悪いスピーチ、親しい人との敵対

ケートゥ

幸運である時

多くの癒し、増加する収入、王への奉仕、馬等の取得、地位の獲得、軍隊の指導者、宗教的行為、衣服や装飾品等の獲得

不運である時

歯の病気、泥棒の恐れ、身体的病気、妻や子供への病気、顔の損傷、精神的虐待

金星

幸運である時

地位の向上、乗り物と身体的快楽、健康と栄光の獲得、多くの収入、音楽・歌・ダンス・芸術への好み、宗教的行為

不運である時

身体的病気、財の喪失、泥棒や支配者からの恐れ、武器による傷、外国の居住、家庭不和と牛の喪失

太陽

幸運である時

名声の獲得、乗り物と子供、増加する収入と財、よき健康、心の安定、王室の恩恵、外国における認知

不運である時

身体的病気、精神的苦悩、仕事の喪失、頭の病気、蛇の嚙み、熱病

月

幸運である時

地位の向上、支配者を通じての財の獲得、徳のある行為、家庭でのよき出来事、欲求の充足

不運である時

妻や子供の病気、土地や牛の喪失、泥棒からの恐れ、精神的苦悩、突然の死

ラーフのマハーダシャー期におけるアンタラダシャー

ラーフ

幸運である時

王室からの名誉、ビジネスにおける利益、西方への旅行、職業的地位の向上、勇気ある行動、財の獲得

【注記】
ラーフは蟹座、蠍座、乙女座そして射手座において特に良い。

不運である時

怪我の恐れ、近隣の親しい人を失う。妻や子供の病気、支配者とのトラブル、顔の損傷

木星

幸運である時

地位の向上、心の安定、敵の喪失、財の獲得、旅行と西方の国へ旅行と認知、事業の達成、故国への帰還、子供の誕生、よい食物、家や土地の獲得、宗教的傾向

不運である時

財の喪失、事業の障害、精神的混乱、心臓病、父母の病気、兄の喪失、突然の死

土星

幸運である時

支配者の奉仕、家庭の吉事（結婚等）、池や果樹園の設立、奴隷の王を通しての願望成就、西方への旅行、帰郷

不運である時

一般的な怠惰、妻と子供の不和、敵や支配者の恐れ、顔の損傷、心臓病、外国の土地のさまよい、不潔な食物、突然の死

水星

幸運である時

社会的地位の強化、一般的な幸福、ビジネスでの獲得、高等教育、よい乗り物、結婚、ベッドの喜び、よき健康、願望成就、聖なる詩の詠唱、宗教的追求

不運である時

財や身体的楽しみの喪失、神やブラーミンを侮辱する、偽善の訴え、歪んだ智恵、過度な出費、突然の死

ケートゥ

幸運である時

願望成就、事業からの利益、牛からの利益、支配者からの恩恵、財や装飾品の獲得

不運である時

目的のないさまよい、心身の病気、盗難・蛇・怪我からの恐れ、両親との別れ

金星

幸運である時

ブラーミンを通じての財の獲得、慶事の発生、支配者からの名誉と恩恵、新居の獲得、よき友、よき食べ物、結婚、歌や音楽への傾倒、慈悲深い性質

不運である時

身体的病気、突然の不和、両親との別れ、毒・蛇・泥棒・支配者からの危険、泥棒と支配者、投獄、罰、妻・子供・雇用者を失う、血液疾患、糖尿病

太陽

幸運である時

財の獲得、支配者からの恩恵、評判と名声、村・町・国の支配、偉大な栄光、外国旅行、願望成就

不運である時

支配者の激怒、敵の増加、泥棒・火・支配者からの恐れ、深刻な病気

月

幸運である時

王の地位、王からの名誉、財の獲得、よき健康、妻・息子・乗り物からの慰め、家や土地の増加、すべての事業の成功

不運である時

見えないものへの恐れと恐怖症、金銭の浪費、旅行における損失、身体的怪我の傾向、腹部の病気、突然の死

火星

幸運である時

失われた金と地位の獲得、よき食物、よい装飾品、家庭での慰め、有益な旅行、軍隊の指導者、兄弟を通しての母方の利益

不運である時

妻や息子との不和、家庭からの隔離、泥棒と蛇と怪我の恐れ、一般的な無気力と怠惰

木星のマハーダシャー期におけるアンタラダシャー

木星

幸運である時
支配の達成、支配者による崇拝、財・乗り物・身体的快楽の獲得、栄光・評判・名声を得る

不運である時
下層階級の人との交際、非論理的な議論、妻子との別れ、雇用主の死、身体的病気

土星

幸運である時
職業的地位の獲得、衣服・装身具・財の獲得、土地家屋からの利益、西方への有益な旅行、牛の増殖、奴隷からの利益

不運である時
冨と財産の喪失、精神的苦悶、熱病、怪我する傾向、不吉な出来事、牛の喪失、職業への障害、身体的病気、突然の死

水星

幸運である時
よき健康、地位を得る、いくつかの慰め、王の恩恵を通じての願望成就、不動産収入の増大、父母への慰め

【注記】
水星の良い配置にもかかわらず、木星のMD期におけるAD期は水星の損失となる。

不運である時
ビジネスの損失、熱病、財の損失、外国旅行、旅行における損失、眼病、武器や火からの傷、突然の不和、突然の死

ケートゥ

幸運である時

財の獲得、不公平な手段を通しての稼ぎ、乗り物の取得、願望成就、ギリシャの支配者からの恩恵

【注記】
木星MD期の間のAD期の時、たとえばケートゥが良い位置に配置されたとしても、金銭的な恩恵はなく、不潔な食物や他人の食物をとる、精神的な追及に対してはよい。

不運である時

支配者の怒りを通じての財の損失、身体的病気、活力の損耗、精神的苦悶と兄弟との不和

金星

幸運である時

多くの財と繁栄、過剰な身体的喜びに恵まれる、多くの衣服と乗り物、東方への利益を得る旅行、両親にとってよい、神とグルへの献身、慈悲ある性質、結婚、学識ある人々との交際、歌や音楽への傾倒

不運である時

親しい人との不和、妻子への害、強い恐れ、女性を通じてのトラブル、金銭の損失、義父との不和、突然の死

太陽

幸運である時

財と地位の獲得、乗り物と他人の言葉による癒しを得る、すべての事業の成功

不運である時

頭痛、熱、罪深い行為、親しい人との別れ、身体的病気

月

幸運である時

栄光の獲得、妻子からの慰め、よい食物（乳製品を構成する）、敬虔な行為、子孫の幸福、よい収入、慈悲深い性質

不運である時

顔の損傷、財や親しい人を失う、外国旅行、泥棒からのトラブル、母の兄弟の喪失、母親の病気、本人の病気

火星

幸運である時

学識の獲得、結婚式、土地と家の獲得、事業の成功、よい食物、一般的な幸運

不運である時

財・家・土地の損失、身体的病気、眼病、精神的苦悶

ラーフ

幸運である時

ヨガへの傾倒、財の獲得（ADの最初の5か月の間）、村や国の指導者、ギリシャの王からの恩恵、遠距離旅行、軍隊の指導者、宗教的傾向

不運である時

泥棒と蛇と武器からの恐れ、王への反対、身体的努力、兄弟との不和、不吉な出来事、悪夢、身体的病気

 # 土星のマハーダシャー期におけるアンタラダシャー

土星

幸運である時

地位の向上、妻と子供の利益、乗り物の取得、王の軍隊の指揮官、村や町の支配の獲得

不運である時

支配者からの恐れ、毒や武器から生じるトラブル、出血による混乱、国か

らの移動、精神的苦悶、突然の死

水星

幸運である時

評判と名声、学習、財の獲得、心身の慰め、巡礼、沐浴、ビジネスでの利益、よき食物、慈悲深い性質

不運である時

身体的病気、事業への障害、精神的苦悶、目に見ないものへの恐怖

【注記】

上記の敵対的結果は水星のADの中後期に起こる。このADの早期の部分の間は、傷つきにもかかわらず良い結果が経験できる。

ケートゥ

幸運である時

増加する稼ぎ、巡礼、宗教的傾向、支配者との交際

【注記】

もしケートゥがラグナロードと或いはMDロードからみて第3室か11室で関わるならば、良い結果だけが確認できる。一般的に他の状況においても良い結果となる（例、ケンドラかトリコーナ、或いはヨガカラカの惑星とともにある時）、ケートゥのADだけがよくない結果を生み出す。

不運である時

移動、極貧、外国旅行、投獄、不潔な食事、熱病、突然の死

金星

幸運である時

願望成就、財と妻子の獲得、身体的慰め、よい健康、慶事の儀式、評判と名声、輸入衣服の獲得、支配者からの恩恵、陶器の組み立て、聖像の研究

不運である時

家・妻・友達の喪失、眼病、熱病、歯痛、心臓病、直腸の病気、溺死の恐れ、木からの落下、極端な精神的苦悶

太陽

幸運である時
雇用者からの利益、増加する財、車・牛・癒しを得る

不運である時
心臓病、精神的苦悶、住居の喪失、親しい人との別れ、熱病

月

幸運である時
支配者からの恩恵、乗り物の獲得、服装と装飾品、繁栄、母親・父親・妻へのいたわり

不運である時
王の激怒、財の損失、両親との別れ、子供の病気、時期を逃した食物、医学治療の必要性、過剰な眠気、敵対者の増加

火星

幸運である時
財の獲得、軍隊の指導、支配者からの恩恵、土地と牛からの利益、新居を建設、兄弟からの利益

不運である時
泥棒・蛇・事故と武器からの危険、関節の痛み、父や兄弟とのトラブル、牛の喪失、不潔な食物、突然の死

ラーフ

幸運である時
財・土地・家屋の獲得、巡礼、慶事の祝い、栄光が増す、支配者からの恩恵、身体的癒し

【注記】
ラーフはもし牡羊座、牡牛座、蟹座、獅子座、乙女座或いは魚座にあるならば、特に吉星となる。

不運である時

他人との不和、精神的虐待、身体的病気、子供との不和、外国居住、家と土地の喪失

木星

幸運である時

すべての事業の達成、支配者からの名誉、財と宝石の獲得、神とグルへの献身、学識者との交際、妻や息子への利益、彫刻の研究、宗教的傾向、偉大な名声と栄光

不運である時

近隣者と親しい人を失う、財の喪失、外国旅行、職業への障害、不潔な食べ物、身体的精神的病気、投獄、近い親戚の死

水星のマハーダシャー期におけるアンタラダシャー

水星

幸運である時

宝石の獲得、学習、高等教育、評判と名声、支配者からの名誉、妻・息子・母・父へのいたわり

不運である時

牛と財の喪失、近隣の親しい人からの敵対者、腹痛、精神的苦悶、近くの親戚の死

ケートゥ

幸運である時

身体的やすらぎ、よい健康、実りある旅、知識の獲得、名声の広がり、支配者からの恩恵

不運である時

乗り物からの落下、泥棒や王とのトラブル、罪深い行動、サソリに刺され

る、下層階級の人々との不和、病気と悲惨

金星

幸運である時
徳のある宗教的行為、友達や使用人からの助け、財の獲得、支配者からの恩恵、突然の予期せぬ利益、ビジネス上の利益、慈悲深い性質

不運である時
心臓病、顔の損傷、熱病、親しい人との別れ、精神的苦痛、突然の死

太陽

幸運である時
王の品位、土地の獲得、財の増加、よき食べ物と衣服

不運である時
泥棒とのトラブル、火、武器とピッタの過剰からくるトラブル、頭痛、精神的苦通、親しい友達との別れ、突然の死

月

幸運である時
妻や子供からの慰め、新居の獲得、よい食べ物、歌や音楽への傾倒、聖典への没頭、南方への旅行、遠方での衣服の獲得、真珠の獲得、巡礼、心の安定、外国の土地からの稼ぎ

不運である時
心身の苦痛、女性の交際仲間を通じての屈辱、泥棒と火と王からの恐怖、財の損失

火星

幸運である時
家庭の平和、財の獲得、失われた財や地位の回復、土地・家・乗り物の獲得、妻子へのいたわり、よい健康、評判と名声

不運である時

心身の病気、地位の喪失、財の損失、膝の痛み、熱、怪我、事故、王の不機嫌、家からの追放、突然の死

ラーフ

幸運である時

他人からの尊敬、財の過剰な獲得、聖水への沐浴、宗教的儀式

【注記】
ラーフは特に牡牛座、蟹座、乙女座、水瓶座で良い働きをする。

不運である時

財の損失、家からの追放、身体的病気、精神的苦悶、投獄、心臓病、突然の死

木星

幸運である時

財の獲得、支配者との交際、結婚、よい食物、聖典の傾聴、神とグルへの献身、慈悲深い性質

不運である時

支配者と不仲、泥棒からの身体的傷つき等、両親の死、財の損失、支配者による罰、妻子との不仲、不健康と病気

土星

幸運である時

地位の上昇、大きな熱意、よい家、巡礼

不運である時

強いトラブル、際立った才能の喪失、妻子とのトラブル、専門的地位の喪失、外国旅行、悪夢、突然の死

ケートゥのマハーダシャー期におけるアンタラダシャー

ケートゥ

幸運である時
財や牛の獲得、王からの恩恵、子供にとってよい、土地・村・家等の取得等

【注記】
ケートゥの良い配置にも関わらず、ケートゥのMDの中のケートゥのADは精神的緊張の原因となる。

不運である時
心臓病、屈辱、財や牛の喪失、心の移り気、不健康、親しい人の喪失

金星

幸運である時
王の恩恵、突然の財の取得、失われた財や地位の回復、乗り物の取得、神聖な水や海での沐浴、土地や村の所有、よい健康、いろいろなやすらぎ

不運である時
突然の喧嘩、財や牛の喪失、頭や目の病気、心臓の慢性病、肉体的精神的虐待

太陽

幸運である時
財の獲得、王を通じての栄光、よき出来事、願望成就、よい健康、精神的安定、小さな村の支配

不運である時
支配者からの恐れ、両親の喪失、外国旅行、蛇や泥棒の恐れ、事故による怪我、支配者からの罰、財の損失、突然の死

月

幸運である時

王からの恩恵、偉大な熱心さ、土地と馬の獲得、職業からの収入、乗り物の獲得、いろいろな行為への志向、親友による訪問、事業の達成、外国旅行、よい健康

不運である時

精神的苦悶、事業における障害、両親との別離、牛の喪失、根拠のない不安、突然の死

火星

幸運である時

村、土地、そして牛からの利益、王の引立てによる地位の上昇

不運である時

突然の死の恐れ、外国での悲惨、泥棒や支配者からの災難、泌尿器系疾患、糖尿病、熱病や中毒の恐れ

ラーフ

幸運である時

突然の巨大な財の獲得、異教徒の支配者からの利益、土地・家・村の獲得

不運である時

頻尿、身体的障害、寒さと気候の厳しさによる熱、中毒、突然の災害

木星

幸運である時

財の獲得、強化された熱心さ、財産、繁栄、大きな祝い、外国訪問、近隣の親しい人への援助

不運である時

泥棒、蛇と事故の傷からの恐れ、妻子との別れ、追放、突然の死

土星

幸運である時
すべての事業の達成、戦争における勝利、多くのやすらぎ

不運である時
心身の苦痛、財や牛の損失、見えないものへの恐怖、家庭からの移動、旅行中の泥棒の恐れ、怠惰、屈辱、両親の喪失、突然の死

水星

幸運である時
地位の獲得、聖典の傾聴、慈善活動の事業化、宗教的行動、土地と子供の獲得、望ましい交際、増加する幸運、よき健康、よい食物、ビジネスの稼ぎ、巡礼

不運である時
借家住まい、財・乗り物・装飾品の損失、妻子の病気、王からの恐れ、突然の死

 # 金星のマハーダシャー期におけるアンタラダシャー

金星

幸運である時
ブラーミンの助けを通して財を得る、息子の結婚、王からの恩恵、新居を建てる、美味しくて甘い食物、慈悲や宗教的行動に打ち込む。牛・乗り物・衣服の取得、西方への旅行、非常な熱心さ

不運である時
泥棒や怪我からの恐れ、親しい人を失う、妻子の病気、死

太陽

幸運である時

財の獲得、妻の支配と所有を得る、親しい友達の訪問、母親・父親・兄弟へのいたわり

不運である時

熱病、精神的苦悶、親しい人との不仲、父親とのトラブル、怪我、蛇の嚙み、身体的病気

月

幸運である時

いろいろなものの獲得、名声と栄光、聖なる川での沐浴、神やブラーミンへの献身、歌や音楽に耽る、牛の増加、町村への指導力

不運である時

財の損失、恐怖症、精神的苦痛、外国旅行、職場での不和、親しい人との別離

火星

幸運である時

王を通しての繁栄、乗り物・土地、宝石からの利益

不運である時

両親とのトラブル、熱病、過剰な出費、ビジネスでの損失

ラーフ

幸運である時

大きな身体的癒し、財の獲得、事業の達成、敵の損失、大きな熱心さ

不運である時

目的追及の障害、精神的苦悶、両親の不健康、非常に怠惰

木星

幸運である時

失われた地位の回復、財の獲得、支配者からの名誉、聖典研究に没頭、息子の結婚、両親と兄弟にとってよい

不運である時

泥棒や支配者からの迷惑、身体的病気、精神的苦痛、外国の住居への追放

土星

幸運である時

友達や親戚との交際、支配者からの名誉、娘の誕生、巡礼、宗教的傾向、職業的地位の向上

不運である時

過剰な出費、肉体的病気、妻子の病気、目的のない彷徨い、牛の喪失

水星

幸運である時

王の恩恵、幸運、息子の誕生、正当な手段を通しての稼ぎ、聖句の傾聴、芸術的追求、おいしい食事

不運である時

牛の喪失、他人の家への居住、精神的苦痛、事業の損失、身体的病気

ケートゥ

幸運である時

よい食物、ビジネスによる過剰な利益、牛の増加、財の獲得、戦争の勝利

不運である時

泥棒とのトラブル、蛇と怪我、際立った才能の喪失、頭痛、精神的苦痛、喧嘩好きの性質、財の損失、妻子との敵対、職業と身体的病気への障害

 # プラティアンタラダシャーの解釈

　PDの適切な使用は近いタイミングでの予言を的確に行うことに役立つ。PDの吉凶の結果はADの同様な要素次第である。すなわち、高揚か強いか良好な位置にある惑星のPDは良い結果を生み出す。他方、弱い傷ついた惑星

は悪い結果を生む。ADの約束は適切なPDの中に含まれている。いくつかの
ADの下でのいろいろなPDの結果は主にパラーシャラの格言を基礎にして、
簡潔に以下に述べておく。これらの結果はハウスの支配星と同様に、PDの
支配星の配置に応じて修正されなければならない。

I 太陽のAD期におけるPD

太陽	:	財の喪失、頭痛、妻とのトラブル
月	:	精神的苦悶、財の損失、喧嘩
火星	:	敵と火からの恐れ、投獄
ラーフ	:	敵からの恐れ、恐怖症、財の損失
木星	:	敵の絶滅、偉大なる栄光、乗り物の獲得
土星	:	精神的苦悶、深刻な病気、牛の喪失
水星	:	知識の獲得、財の獲得、宗教的傾向
ケートゥ	:	生命への危険、重大な損失、敵を通じての苦痛
金星	:	通常の利益の獲得、特別なものは何もない

II 月のAD期におけるPD

月	:	繁栄、王の恩恵、女性からの喜び
火星	:	財と智恵の獲得、敵からの恐れ
ラーフ	:	財の獲得、突然の死
木星	:	名声、高度な学識、財の獲得
土星	:	身体的病気、財の損失、屈辱
水星	:	息子の誕生、学習、名声
ケートゥ	:	ブラーミンと衝突、突然の死
金星	:	繁栄、娘の誕生、よい食物
太陽	:	敵の損失、全般的統治

III 火星のAD期におけるPD

火星	：	敵からの恐れ、反対者を恐れる、死の危険
ラーフ	：	財の損失、悪い食事、投獄
木星	：	差別化による損失、精神的苦痛、失敗
土星	：	喧嘩、苦悩、財の損失
水星	：	知恵の損失、財の損失、友達を失う
ケートゥ	：	頭痛、身体的病気、突然の死
金星	：	チャンダラ（アウトカースト）とのトラブル、怪我の危険性、栄養学
太陽	：	土地と友達を得る、心の平和
月	：	南の方向からの獲得、白衣と装飾品の獲得

 ## IV ラーフのAD期におけるPD

ラーフ	：	投獄、病気
木星	：	評判と名声、財と乗り物の獲得
土星	：	投機、身体的癒しの喪失
水星	：	妻を通しての獲得、外国の地での成功
ケートゥ	：	差別による損失、不必要な障害
金星	：	目に見えぬものへの恐れ（悪霊への恐れ）、悲劇的出来事
太陽	：	身体的病気、不注意、突然の死
月	：	精神的苦痛、恐怖症、父親の病気
火星	：	肛門周辺の炎症、精神的苦悶、血液の乱れ

V 木星のAD期におけるPD

木星　　　：　多くの財、良き出来事
土星　　　：　財と牛の獲得、癒しの手段
水星　　　：　学習、財、親友の訪問
ケートゥ　：　溺死あるいは投獄の恐れ、突然の死
金星　　　：　学習、いくつかの喜びの手段
太陽　　　：　父・母・友達・王からの獲得
月　　　　：　すべての悲惨さの終了、事業の成功
火星　　　：　武器による怪我、不消化
ラーフ　　：　アウトカーストからの迷惑、財の損失、病気

 ## VI 土星のAD期におけるPD

土星　　　：　身体的病気、喧嘩、悲惨
水星　　　：　差別による損失、財の損失、敵からの恐れ
ケートゥ　：　敵による閉じ込め、病気に対する恐れ、精神的苦悶
金星　　　：　欲しい物の獲得
太陽　　　：　地位の向上、家庭での喧嘩、病気
月　　　　：　偉大な事業、過剰な出費、何人かの女性との性的関係
火星　　　：　息子への怪我、火と敵からの恐れ
ラーフ　　：　財と土地の損失、外国旅行、死
木星　　　：　家庭でのトラブル、精神的苦悩

 ## VII 水星のAD期におけるPD

水星　　　：　学習、財と癒し

ケートゥ	:	不潔な食物、腹部と目の病気
金星	:	北方からの獲得、職業的地位の向上、牛の喪失
太陽	:	健康の喪失、精神的安定の喪失
月	:	女性と財の獲得、娘の誕生
火星	:	財と智恵の獲得、泥棒・火・武器からの恐れ
ラーフ	:	女性との不和、突然の恐れ、武器からの怪我
木星	:	王の地位、過剰学習
土星	:	身体的負傷、財の損失

Ⅷ ケートゥのAD期におけるPD

ケートゥ	:	突然の災難、外国旅行、財の損失
金星	:	異教徒の支配者からの恐れ、眼病、頭痛
太陽	:	友達の反対、敗北、突然の死
月	:	差別による損失、屈辱、病気
火星	:	転倒・火・武器からの傷
ラーフ	:	女性からのトラブル、敵による支配
木星	:	財の損失、突然の災害、いろいろな損失
土星	:	友達の死、身体的病気
水星	:	差別化による損失、精神的苦悶、憂鬱な恐れ

Ⅸ 金星のAD期におけるPD

金星	:	真珠・白服・可愛い女性の獲得
太陽	:	熱病、敵や支配者とのトラブル
月	:	娘の誕生、財や地位の獲得
火星	:	喧騒の中での怪我、血液の乱れ
ラーフ	:	女性との不和、突然の死の恐れ

木星	：	高い地位・乗り物・宝石の獲得
土星	：	荷物運搬用動物（猿、駱駝等）の獲得、暗い色の物質（鉄、黒琥珀等）の獲得
水星	：	財と智恵の獲得、地位の向上
ケートゥ	：	１つの国から他への逃避、恐ろしい突然死

　いろいろなAD期におけるPDの結果は慎重に適用されなければならない。良い結果が述べられていたとしても、それらが吉星か凶星の関わりやアスペクトによっては良い結果か悪い結果かに修正しなければならないことがある。同様に、悪い結果であったとしても根本的に修正しなければならない時がある。惑星はまたそれらが支配するハウスに従って結果を生み出す。こうした要素は上記に述べられた結果が個々のチャートに適用される時、第一に関心をもたなければならない点である。

16

バラリシュタと
アリシュタバンガ

バガバッドギーターのささやかな研究、

ガンジス川の一滴の水、

クリシュナ神へのさりげない崇拝。

それらはあなたが死と向き合う時あなたを救うだろう。

バージャゴーヴィンダム　詩節20

アリシュタは何らかの種類の不幸を意味する。バラリシュタは幼児や子供時代の間に起こる不幸を意味する。新生児の不幸は主に身体的健康に関する点にあるので、バラリシュタという言葉は誕生後まもなくの悪い健康状態を示すために使用される。即ち、アリシュタはホロスコープチャートにおける傷つきである。古典占星術師は、よきヨガや幸運なダシャー期の結果を伝える前に、ホロスコープにバラリシュタがあるかどうかの見地から点検を行わなければならないことを強調しておかなければならない。

 ## バラリシュタ：幼年期の死

占星術の古典の著者は、バラリシュタについて述べている一方で、バラリシュタのコンビネーションは幼年期における早すぎる死に導くことをほとん

ど例外なく示唆している。古典文献の文字どおりの解釈によれば、この言葉はホロスコープチャートにおいてこのようなコンビネーションにおける特定の死を意味するようになった。しかし占星術的データを文字どおりに適用すると予測の失敗をもたらし、それは必要とされないということをくり返し強調してきた。バラリシュタは健康の悪化を導くが必ずしも死へと導くものではなくホロスコープチャートの傷つきを示すものと理解されなければならない。

バラリシュタコンビネーションの評価すべき点は、本人の健康に関する注意を求める点である。もし傷つきが強く防御する機能が不適切な時だけ死が起こる。

 # 最初の20年間の不確定性

パラーシャラ以降のすべての古典占星術の著者は、12歳の年齢まで子供の寿命の期間を操作することは一般的には不可能であるという意見である。この期間、ホロスコープチャートの示す内容は容易に表面化しないという理由のために子供は苦しむ。即ち、新生児はいつでも死ぬことがあり得る。

(a) 人生の最初の４年間は母親のカルマ（罪深い行為）のためである。
(b) 人生の４年から８年間は父親のカルマのためである。
(c) 人生の８年から20年間は本人の過去のカルマのためである。

この概念は、次の要素を強調する。

(a) 運命における因果の法則がはたらく。身体的精神的機能の総量を広く意味するカルマは我々の運命の基礎を提供する。我々はカルマを通して我々自身の運命をすべて作り出している。
(b) 子供の誕生は散発的な偶然の出来事ではない。それは連綿としたプロセスの表出である。誕生の性質、それが起こる環境、それに伴う良い要

素や悪い要素は、すべて過去世に起源がある。輪廻や来世の概念はインド占星術に固有のものである。

(c) インド占星術は、潜在的に関わりのある運命の法則を認識している。我々の身近な人の行動も我々にかなり影響を与える。即ち、父母の過去の行動も子供の幼年期の生存に影響を与える。人生の最初の8年の間の死は両親のカルマの結果である。8歳の後になって、両親の影響が消滅する。占星術を知る人々は1つのグループや家族に属する人々の運命が如何に驚くほど潜在的な関わりがあるかをよく認識している。

 ## アリシュタバンガ

　これはアリシュタ或いは傷つきの解除を意味する。バラリシュタは死の原因となるミサイルのようなものである。これに対してアリシュタバンガは迎撃ミサイルとして振る舞う。アリシュタバンガが存在することで、バラリシュタは中立化をもたらす。アリシュタバンガを同時に認めることなくホロスコープチャートのバラリシュタを考えないことが重要である。

　しかしながら、アリシュタバンガは、まずアリシュタの存在を前提とすると考えなければならない。チャートの中に解除するべき傷つきがある。最終結果は解除がどのように完成しているかにかかっている。品質の改善だけで、傷つきの完全な中立化ではないものがしばしばみられる。アリシュタバンガに対して、古典テキストは時々決定的に肯定的であり、有益な結果を考える。これは実際的問題として事実ではないかもしれない。

占星術上の法則

　バラリシュタやアリシュタバンガを示す数千の占星術的コンビネーションが占星術の教科書でお目にかかる。すべてこれらのコンビネーションを記憶する代わりに、基本的な占星術の原則を理解することが重要である。

1．月の配置：ホロスコープチャートにおける月の配置は、新生児の健康と重要な関係をもつ。傷ついているか悪い配置の月はバラリシュタの原因となる要素である。そして吉星の影響によって適切に中立化されていないならば、子供の早期の死を招く。

2．ラグナの強さ：強いラグナと強く良い位置のラグナロードは健全な健康を示す。ラグナとラグナの支配星が弱く凶星の影響の下にある時、吉星により適切に中立化されることがないならば、その出生図の持ち主の健康は傷つく。

3．ケンドラハウス：吉星の4つのケンドラハウスの在住（第1、4、7、10室）はよい健康を示す強い要素である。凶星がケンドラにある時、健康に苦しむ。特にラグナや月からみた1/7軸に集中する凶星は誕生後の早期の死の原因となる。

4．第8室：第8室や第8室の支配星への吉星の影響はよい健康を確かなものにする。凶星の影響は逆を示す。凶星が第8室に集中する時、寿命が傷つく。一般的な規則の例外は健康と長寿を確かなものにする第8室の土星の存在である。

5．ダシャーとトランジット：いくつかのバラリシュタの古典的コンビネーションは断定的に死期について、ホロスコープにおいてそれをもっている人の特別によくないコンビネーションの実際の時期を強調する。それはいくつかの事例を見る限り事実である。しかし、バラリシュタのコンビネーションも、ダシャーやトランジットの原則に従う。実際のホロスコープに見られるが、しばしばそれは今までは活性化していなかった不吉なトランジットのコンビネーションと結びついて、突然不吉な結果を生じさせるダシャーがある。バラリシュタのコンビネーションはふさわしいダシャー/トランジットが活性化しだす時、人生の後半において時々現れる固有の弱さを示す。

　バラリシュタやアリシュタバンガの古典的コンビネーションは、拙著『Essentials of the Medical Astrology（仮題：医療占星術の本質、日本語版未刊行)』から再引用している。

バラリシュタの古典的コンビネーション

　先述したように、占星術の古典に記述されているアリシュタにはたくさんのコンビネーションがある。これらについてのいくつかは、特にパラーシャラとバラーハミヒラと一般的には手に入らないシュリランビールジョーティルマハーニバンダから少しの部分を下記に述べている。これらのコンビネーションにおいて死という言葉が傷つきや病気を意味するために使用されているということを読者にくり返し警告しながら、強い言葉が保たれている。

　１．月が第６、８、12室にあり凶星によってアスペクトされると生後まもなく死ぬ原因となる。

【注記】
　(a)　吉星だけがこのような月にアスペクトする時、８歳に死を引き起こす。
　(b)　凶星と吉星の組み合わせは、４歳以内に死を引き起こす。
　(c)　もし月が上記のハウスにあってアスペクトされていないならば、災いは起こらない。

　２．第６、８、12室に逆行吉星があり、凶星によるアスペクトを受けている月があるならば、死を引き起こす。

【注記】
　(a)　逆行凶星によってアスペクトされ吉星にアスペクトされていない第６、８室の吉星は出生の１か月以内に死ぬと言われている。
　(b)　吉星によってアスペクトされないラグナはまた出生の１か月以内に死ぬ。これは一般的なコンビネーションである。

　３．月のホーラにおける日昇、日没時の出生、或いはガンダータ（蟹座と蠍座と魚座の終わり、牡羊座、獅子座、射手座の始まり）の出生で月やケンドラにおける凶星を伴うと新生児の死を意味する。

【注記】
　死は夕方、月のホーラ、ケンドラの１つが月と関わるラシュヤンタ（即ち、星座の終わりの29度以上の度数）の出生の場合は出生後まもなく起こる。

4．凶星との惑星戦争に破れたり、第7室に位置するラグナの支配星は誕
　生月の1か月以内に死に至る。2つの惑星が1度以内に位置する時戦争
　状態にあると言われている。2つの惑星の内で、先に進んでいるほうが
　負けると考えられている。

5．ケンドラにおける月とすべての凶星の配置は新生児の死をもたらす。

【注記】
(a) ラグナにおける弱い月、ケンドラと第8室にある凶星は生後まもなく死ぬ。
(b) ラグナや第7、8、12室において凶星と関わり、吉星とアスペクトしていない
　　月は早期の死へと導く。
(c) また、弱い月が牡羊座、牡牛座、双子座以外の星座において、凶星がアセンダ
　　ントに位置するかアスペクトする場合、出生後まもなく死が確かなものになる。

6．東の半分（第10室から4室）に位置するすべての凶星と西の半分（第
　4室から10室）に位置するすべての吉星は、蟹座と蠍座の上昇星座に
　おいて長寿を失う。

【注記】
　これはヴァジュラムシュティヨガと呼ばれる。ある書物によれば、このヨガは蠍座
アセンダントにおいてすべての凶星が第1室から7室に位置し、すべての吉星が第7
室から1室にある時に生じる。

7．7月が第4、7、8室かラグナにあって凶星に挟まれ、強い吉星によ
　ってアスペクトされていない場合、早期の死をもたらす。

【注記】
(a) 2つの凶星に挟まれているラグナと第12、6、8、2室に置かれた凶星は確か
　　な死をもたらす。即ち、ラグナや第7室、つまりアセンダントやディセンダント
　　は寿命にとって悪いと言うことである。
(b) ラグナから第2室と12室の凶星、或いはラグナから第6室と8室の凶星、吉星
　　によるアスペクトがない場合、その出生図の持ち主は6か月或いは8か月で死ぬ。

8．第7室に凶星をもつラグナにある月は早期の死の原因となる。

9．第6室或いは第8室或いはケンドラにある、或いは強い火星によって
　アスペクトされた牡羊座或いは蠍座にある逆行の土星は出生後2年以内
　に死に導かれる。

10．力不足の木星をともなうラグナにある月、第12室にある土星、第9
　室にある太陽、第8室にある火星、生後まもなく死へ導かれる。

11. 火星、土星、太陽が第6室或いは第8室で一緒にある時、たとえヤーマ（死の神）が出生者を守ろうとしても1か月以内に確実に死へと導かれる。

12. 第6、8室の凶星は別の凶星にアスペクトされることによって、アムリタパン（即ち、不老不死薬の使用）にもかかわらず、1年以内に死の原因となる。

【注記】
　既述のように、このコンビネーションは古典文献の強い主張にもかかわらず、文字どおりに受け止めるべきでない。

13. 第6室或いは第12室にある、凶星にアスペクトされている蟹座や獅子座に金星があると6歳の年までに死に至る。

14. 第6、8室にある、月にアスペクトされている蟹座における水星は64歳の年までに死に至る。

15. ケンドラにある凶星にアスペクトされるラーフは10歳か16歳までに死に至る。

16. ラグナを上昇する凶星のドレッカナは凶星と絡むかアスペクトを受けているか、自身の惑星によってアスペクトされていない時、7歳以内に死に至る。

【注記】
凶星のドレッカナとは、以下をさす。
(a) サルパドレッカナ：蟹座の2番目と3番目、蠍座の1番目と2番目、魚座の最後
(b) パシャードレッカナ：牡牛座の1番目、水瓶座と獅子座と天秤座の2番目と3番目、山羊座の1番目と3番目

17. 日蝕と月蝕時の出生（ラーフ・ケートゥ軸が太陽と月にある）で、土星と火星からラグナがアスペクトされていると、出生後2週間以内に死に至る。

18. すべての惑星が弱くアポークリマ星座の時、生後6か月か2か月で死ぬ。

19. ラグナからみて第12室の弱い月、ラグナと第8室にすべての凶星、そしてケンドラに吉星がない時は生後まもなく死ぬ。

20. ラグナに太陽、火星、土星そして木星のアスペクトの下での第6室か第7室にある弱い月は7歳において死ぬ。

21. 月のナヴァムシャにおける凶星のラグナロードが、月からみて12番目にあり、凶星によってアスペクトされると、9歳で死ぬ。

22. チャートの目に見える半分にある吉星と目に見えない半分にある凶星がありラーフがラグナにあると5歳で死ぬ。

【注記】
上記6で述べられたヴァジュラームシュティヨガを見よ。

23. 第7室にラーフがあり、太陽や月によってアスペクトされていて吉星によってアスペクトされていないと、12歳で死ぬ。

◉ 母親の傷つき

1. 第10室にある土星、第6室にある月、そして第7室の火星は母親にある場合、母親とともに新生児の死のコンビネーションである。

2. ラグナにおいて月が凶星に挟まれ、そして第7室或いは第8室にある凶星は母親とともに、本人の死の原因となる。

3. 3つの凶星にアスペクトされている月は母の死を示す。

【注記】
吉星のアスペクトは傷つきを救う。

4. 凶星からみた、或いは凶星の絡んだ、或いは強い凶星にアスペクトされた第7室或いは第8室の月は、母親の死を示す。

5. 第7室において高揚あるいは減衰する太陽があると、子供は母親から授乳できず山羊の乳で生き残る。

6. ラグナ・第2室・第12室・第7室の凶星はその出生図の持ち主の家族を破壊に導く。

7. 弱い月から見て第5室或いは第9室にある凶星は本人の誕生後6か月以内の母親の死を招く。

8. 蝕の時の誕生、凶星とかかわりラグナに位置する月、死の第8室にあ

る月は、武器（外科手術の道具？）のために、母親とともに本人の死を意味する。

父親の傷つき

1．ラグナにある土星、第7室にある火星、第6室にある月は、父親の死を意味する。
2．ラグナにある木星、第2室にある太陽、土星、火星、水星がある人は結婚の時に父親が死ぬ。
3．太陽から見た第7室に凶星があるか、凶星とともにあるか挟まれているかすると、父親の死を意味する。
4．不吉な星座の第10室にある火星は父親の死を意味する。
5．土星にアスペクトされた火星のナヴァムシャにある太陽は父親は生まれる前に家を去るか死ぬ。
6．ラグナ、第4室、第6室におけるラーフと木星は、この出生図の持ち主が23歳の時、父親が死ぬ。
7．もし太陽が凶星と絡んでいるかアスペクトされているか凶星に挟まれていれば、この人の父親は苦しみ（そして死）にさらされる。
8．凶星によって太陽から見た第6室と第8室が傷つき吉星のアスペクトがない時、父親の傷つきがある。

【注記】
　月が非常に影響されている時、この本人の母親はアリシュタにさらされる。

アリシュタヨガが顕在化する時期

　新生児にとってアリシュタが原因を引き起こすいくつかのコンビネーションにおいて、死の時（或いは苦しみの時）が示されてきた。このようなものが示されなくても、死の時期は確かめられるかもしれない。

(a)　最も強い惑星に対する月のトランジットは傷つきの原因となる。

(b)　ネイタルの月に対する月のトランジット。

(c)　アセンダントに対する月のトランジット。

　トランジットの月自身が傷ついている時、悪いことが起こるようになる。聖者はこのような場合に死が1年以内に起こり得ると言う。

 ## アリシュタバンガの古典的コンビネーション

　これらの古典的コンビネーションの主な情報源はパラーシャラとヴァラーハミヒラである。加えて、いくつかの内容がシュリランビル　ジョティルマバニバンダとマンガサリから取られた。すべてこれらのコンビネーションは法則的にであって文字どおりには適用されない。最善の結果を得るためには、活性化しているダシャーとコンビネーションを統合するのが最善である。

　1．木星が単独で力強くラグナにあれば、すべての不吉を破壊する。

【注記】
　ラグナにおける強い木星は惑星の傷つきに打ち勝つ最も力強い単純な要素と考えられる。それはラグナにある水星が1千の欠陥に打ち勝つ：ホロスコープにおいて、同様な状況における金星が1万の困難に打ち勝つ。ラグナの木星は10万の傷つきに打ち勝つ。

　2．強い水星、木星、金星がケンドラ（第1、4、7、10室）の1つに位置する時、すべてのアリシュタを破壊する。

　3．ケンドラにある強いラグナロードは惑星の傷つきを取り去る。

　4．凶星によってアスペクトされていない強いラグナの支配星はすべての傷つきを破壊し、繁栄と長寿を増すようになる。

　5．クリシュナパクシャ（欠けていく月の期間）の第6、8室の月は日中（日の出から日没まで）に生まれた子供の庇護者になる。或いはシュク

ラパクシャ（満ちていく月の期間）における夜中（日没から日の出まで）に生まれた子供の庇護者になる。

6．出生時においてシィールショダヤサイン（星座3、5、6、7、8そして11）に位置するすべての惑星は傷つきを取り去る。

7．吉星によってアスペクトされた第3、6、11室にあるラーフは傷つきを直ちに取り去る。アリシュタは、もしラーフがラグナとともに牡羊座、牡牛座、蟹座にあるならば直ちに消失する。

8．よいヴァルガ（分割図における星座）にある、或いはよい分割図にある吉星によってアスペクトされている凶星は、この状況においてまた傷つきを消失させる。

9．上昇星座が吉星座にある時、チャートの吉星は強く凶星は弱い。アリシュタは消失する傾向がある。

10．月は第6室或いは第8室ではあるけれども、月が水星、木星、金星のドレッカナにある時アリシュタは消失する。

11．凶星が吉星に囲まれていたり、吉星がケンドラやトリコーナに位置したりする時、傷つきはキャンセルされる。

12．すべての他の惑星によってアスペクトされたラグナハウスにあるラグナロードは傷つきを取り去る。同様にすべての他の惑星によってアスペクトされた満月は傷つきを中立化する。

13．凶星にアスペクトされていない第6、7、8室にある吉星は傷つきを除去する。

【注記】
これは強く保護されている幸運のラグナディのヨガである。やはり幸運のチャンドラディヨガと比較することができる。

14．第11室における或いは第3室かケンドラにおける強いラグナロードは、傷つきを消し去りよい健康と長命を約束する。

15．吉星に挟まれた満月は傷つきを消し去る。もしそれが金星によってもアスペクトされているならば、特によい意味となる。

16．天秤座アセンダントの第12室にいる太陽は100年の寿命を確かなものとする。

17. 木星－火星コンジャンクションか火星への木星アスペクトはすべて
の傷つきをキャンセルし本人の母親に対して良い結果をもたらす。

【注記】
　これは一般的すぎる。コンビネーションに関わるハウスや特定のヨガとの関わりに
おいて木星と火星が支配するハウスを心に留めておくことが重要である。

18. 吉星に挟まれた第4室或いは第5室の凶星、そしてケンドラ或いは
トリコーナにある吉星は、このような状況においては、出生図の持ち
主の父親にとって良きことがある。

19. 満月が高揚したり定座にあったり、吉星によりアスペクトされたり
凶星にアスペクトされていない友好惑星の分割図にあったり、或いは
それ自身の分割図にある時、大きな傷つきは消失する。

20. 蟹座、射手座、魚座そしてラグナ或いはケンドラとトリコーナにお
ける木星は傷つきを取り去る。

21. ホロスコープにいくつかの幸運のヨガがある時、傷つきを取り去る。

 事例

　図16-1は、凶星の第8室の支配星と関わる第8室に在住する月をもつ典
型的なバラリシュタの状況を示す。

　ラグナは不吉な第6室の支配星土星と逆行（それゆえ不吉な）木星のアス
ペクトを受ける。
　ラグナロードは第12室の支配星の太陽と関わり、ナヴァムシャにおいて
状況は改善されているけれども傷ついている。
　子供は夜の時間（第5室にある太陽）とシュクラパクシャ（太陽から見て
第4室にある月）の間で生まれたことを留意したほうがよい。これはアリ
シュタバンガのコンビネーションである。子供は彼の傷つきから救われたが、
知的発達が遅れた。傷つきはその効果を著しく減じた。即ち、質的な改善が
見られたが完全な傷つきの解除ではない。

図16-1│バラリシュタの事例1　1989年1月15日生

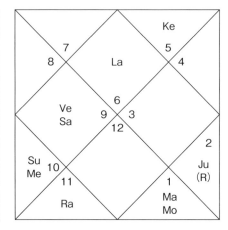

	Ma Mo	Ju (R)	
Ra			
Su Me			Ke
Ve Sa			La

La	ラグナ	3°30′	Ju(R)	木星逆行	2°25′
Su	太陽	1°50′	Sa	土星	13°38′
Mo	月	16°20′	Me	水星	18°10′
Ma	火星	4°18′	Ke	ケートゥ	
Ra	ラーフ	11°39′	Ve	金星	12°30′

ナヴァムシャ

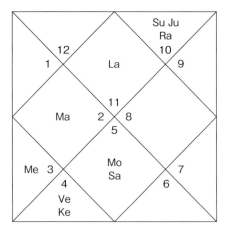

	Ma	Me	
La			Ve Ke
Su Ju Ra			Mo Sa

　図16-2におけるラグナは、凶星がドレッカナ（蟹座の2番目のドレッカナ）にあり、その支配星は減衰し凶星の土星によってアスペクトされている（ドレッカナチャートをみよ）。

図16-2｜バラリシュタの事例2　1980年11月4日生

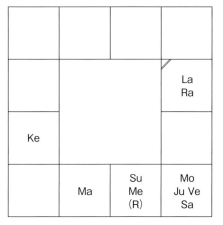

La	ラグナ	14°28′	Ju(R)	木星	7°57′
Su	太陽	18°51′	Sa	土星	11°41′
Mo	月	6°29′	Me	水星逆行	15°51′
Ma	火星	23°25′	Ke	ケートゥ	
Ra	ラーフ	22°17′	Ve	金星	12°46′

ドレッカナ

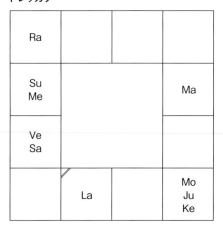

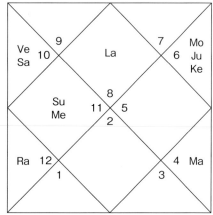

ナヴァムシャ

Su Ju	Ve Sa		
Mo Ma Me			Ke
Ra			
	La		

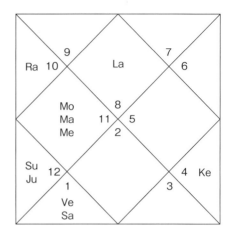

ドレッカナの支配星は凶星にアスペクトしない。子供は出生後7日以内に死んだ。

ラーシチャートにおいて、月は第6室支配星、第8室支配星、そして減衰の機能的凶星の金星によって傷ついている。凶星（土星を除く）はケンドラとトリコーナに在住している。ケンドラにある唯一の吉星（第4室）は機能的凶星、逆行そしてコンバスト（それゆえ弱い）の水星、それはたまたま22番目のドレッカナにある。ナヴァムシャにおける第4室と第6室の間の星座交換（事故を起こしがちなことを示す）は、死以前の外科的な介在を確かに示す。即ち、第4室におけるラグナロードはまた第8室の支配星と関わっている。ホロスコープチャートに適用できるバラリシュタの原則は、後半の人生において、第8室における月の配置が典型的なバラリシュタを示すことを図16-3で例証できる。

第5室からラグナにアスペクトする強い木星はケンドラの凶星の在住からの欠点を取り除きかつ、シュクラパクシャにおける夜の時間の間の出生は、傷つきのキャンセルを確かなものとする。また、第3室にあるラグナロードの高揚の火星の在住は健康に対する良き要素を加味している。

出生図の持ち主は62歳の年、金星－月期のヴィムショッタリダシャーの

図16-3│バラリシュタの事例3　1928年3月1日生

Ju		Ra	Mo
Su Me (R)			
Ma Ve			
	La Sa Ke		

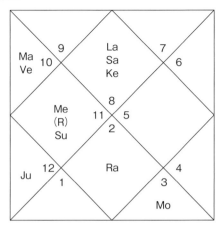

La	ラグナ	5°28′	Ju	木星	15°11′
Su	太陽	18°05′	Sa	土星	25°41′
Mo	月	21°18′	Me(R)	水星逆行	5°50′
Ma	火星	9°03′	Ke	ケートゥ	
Ra	ラーフ	21°38′	Ve	金星	17°04′

ドレッカナ

		Ve	Su
Mo Me			Ke Ju Sa
Ma Ra			
	La		

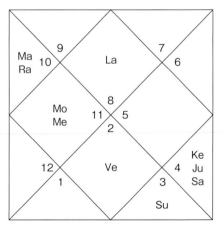

ナヴァムシャ

Su Ma	Mo		Ve
Sa			Ra
Ke			La
	Me Ju		

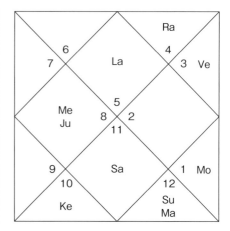

時に死んだ。金星はマラカで火星と絡み土星からアスペクトを受けている。
月は第8室に在住している。それは64番目のナヴァムシャの支配星であり、
ドレッカナチャートにおいて22番目のドレッカナ（水星）と関わっている。

　ここでの出生は敵対のドレッカナで起こるが、ドレッカナの支配星は高揚
し高揚の木星によってアスペクトされている。生来的吉星はドレッカナチャー
トにおいてケンドラに在住している。加えて、ラグナロードである高揚の
火星は第3室にあり健康にとってよい要素である。

索 引

※原語ローマ字表記にカタカナによるアルファベット表記を添付、（英）は英語または英語からの訳

【著者紹介】

K. S. チャラク

M. S（外科）、F. R. C. S（イギリス）
インド脊髄損傷センター外科部長兼最上級コンサルタント。
インド、ロシア、アメリカ等でインド占星術の講演をし後進を育成している。
雑誌「Vedic Astrology」名誉編集委員
著書は『医療占星術』『占星術におけるヨガ』『ヴァルシャハラ』（日本語版未刊行）など多数ある。

【訳者紹介】

本多 信明（ほんだ・のぶあき）

慶応義塾大学卒業。日本生産性本部認定経営コンサルタント。
インド占星術を中心にインド風水、西洋占星術、周易、気学等で鑑定・教育・研究を行う。
透派重鎮の指導により紫薇斗数、子平推命、七政四余、奇門遁甲、断易等の研鑽を積む。
著書に『インド占星術入門』『実践インド占星術』（説話社）がある。

2019年10月、本書の訳者である本多信明氏が急逝されました。ここに謹んで哀悼の意を表し、心からご冥福をお祈りいたします。

インド占星術の基本体系 I巻

2020年7月23日　初版発行

著　者──K. S. チャラク
訳　者──本多 信明（ほんだ・のぶあき）
装　幀──中村吉則
編　集──初鹿野剛
本文DTP──Office DIMMI

発行者──今井博揮
発行所──株式会社太玄社
　　　　　TEL 03-6427-9268　FAX 03-6450-5978
　　　　　E-mail：info@taigensha.com　HP：https://www.taigensha.com/
発売所──株式会社ナチュラルスピリット
　　　　　〒101-0051　東京都千代田区神田神保町3-2　高橋ビル2階
　　　　　TEL 03-6450-5938　FAX 03-6450-5978
印刷───シナノ印刷株式会社

インド占星術の 基本体系 II巻

K.S.チャラク【著】／本多信明【訳】

A5判並製　定価＝本体2500円＋税

パラーシャラ系インド占星術における 最高の強化書！

II巻は、I巻のインド占星術の理論体系を踏まえて、ハウス支配を基礎とした様々なヨガや子供時代の健康や寿命などの未来予測、医療占星術や日取り選定といった実践的な知識、そしてヴァルシャハラやスダルシャナチャクラなどより高度な知識体系までを網羅しています。

お近くの書店、インターネット書店、および小社でお求めになれます。

いますぐ深読みできる
フレンドリー・タロット

いけだ 笑み 著

プロの占星術家が伝授！　鏡リュウジ氏も推薦。タロットカードを手にしてすぐに、深いリーディングができるように、繰り返し登場する図象や数の意味を解説し、カードが織りなす物語の仕組みを説明しています。　　　　　　　　　　　　　定価 本体2200円＋税

基礎からわかる
伝統的占星術

福本 基 著

伝統的占星術と現代占星術の違いを明確にし、ホロスコープ、サイン、ハウスなどのお馴染みのものから伝統的占星術ならではのアンティッション、ディグニィティ、ジョイ、ロッツ、恒星等にいたるまで丁寧に解説しています。　　　　　　　　　定価 本体3280円＋税

現代占星術家のための
伝統占星術入門

ベンジャミン・ダイクス 著／田中要一郎 訳

本書は伝統占星術から数多くの技法と考え方を用いることによって、ホロスコープの読み解きが如何に豊かで正確なものになるのかを示します。　　　　　定価 本体2550円＋税

ある吉　たった5分歩くだけ！
吉方位開運法 2020年版

アーロン千生 著

500ｍ歩いて5分滞在で効く！この一冊で毎日毎時の吉方位が全てわかります。本書は古代中国の占術「奇門遁甲」を「吉方位」として使う開運法です。　　定価 本体1800円＋税

クリスチャン・アストロロジー
第1書＆第2書・第3書

ウィリアム・リリー 著／田中要一郎 監訳／田中紀久子 訳

鏡リュウジ氏推薦！西洋占星術の超古典の完訳です。第1書は占星術の基本的な概念、定義、用語の解説、第2書はホラリーの伝統的技法を集大成しています。第3書では出生図の判断と未来予測の技法を紹介しています。定価 本体［第1書＆第2書4700円／第3書3500円］＋税

お近くの書店、インターネット書店、および小社でお求めになれます。

あなたの運命を開く場所はここだ！
場所による開運占星学
アストロカートグラフィ＆サイクロカートグラフィ

真弓 香 著

生まれ年月日、時間の星に導かれてあなただけの開運場所を見つける開運方法。その場所に移動することで開運する実践法をご紹介します。　　　　　定価 本体1600円＋税

誰でもできる かんたん風水！
バグア・チャート風水

伊庭野れい子 著

9つのコーナーとエリアでかんたん運気アップ！　入り口から見た位置で、「恋愛運」も「金運」も「健康運」も決まります！　　　　　定価 本体1500円＋税

フライング・スター 風水鑑定術

福田英嗣 著

世界のセレブ御用達！　人気ナンバーワン鑑定マニュアル。〈飛星チャート〉144パターンを一挙全解！　家運を安定させ、人生を大きく改善する優秀なコンパス。
　　　　　定価 本体2400円＋税

風水と住まいの精霊開運法
私の風水は住まいの精霊さんからのメッセージ

塩田久佳 著

風水のヒケツは、「住まいの精霊さん」にあった！ 著者が出会ってきた「住まいの精霊さん」から学んだ秘伝満載！ 日本、中国と長年さまざまな風水を学んだ著者がたどり着いた開運風水法。　　　　　定価 本体1300円＋税

ツキをよぶフォーチュンサイクル占い

イヴルルド遙華 著

幸せを導く24の運勢サイクル。自分の周期を知り、新たな扉を開くフォーチュンサイクル占いです。アクションを起こす時期を前もって知ることで、本来の魅力を発揮。
　　　　　定価 本体1500円＋税